I0766050

100 Mandala da colorare disegnati a mano

100 Mandalas
Hand-drawn Coloring Book

A Fabio,

che mi regala ogni giorno cento colori
per dipingere l'Anima

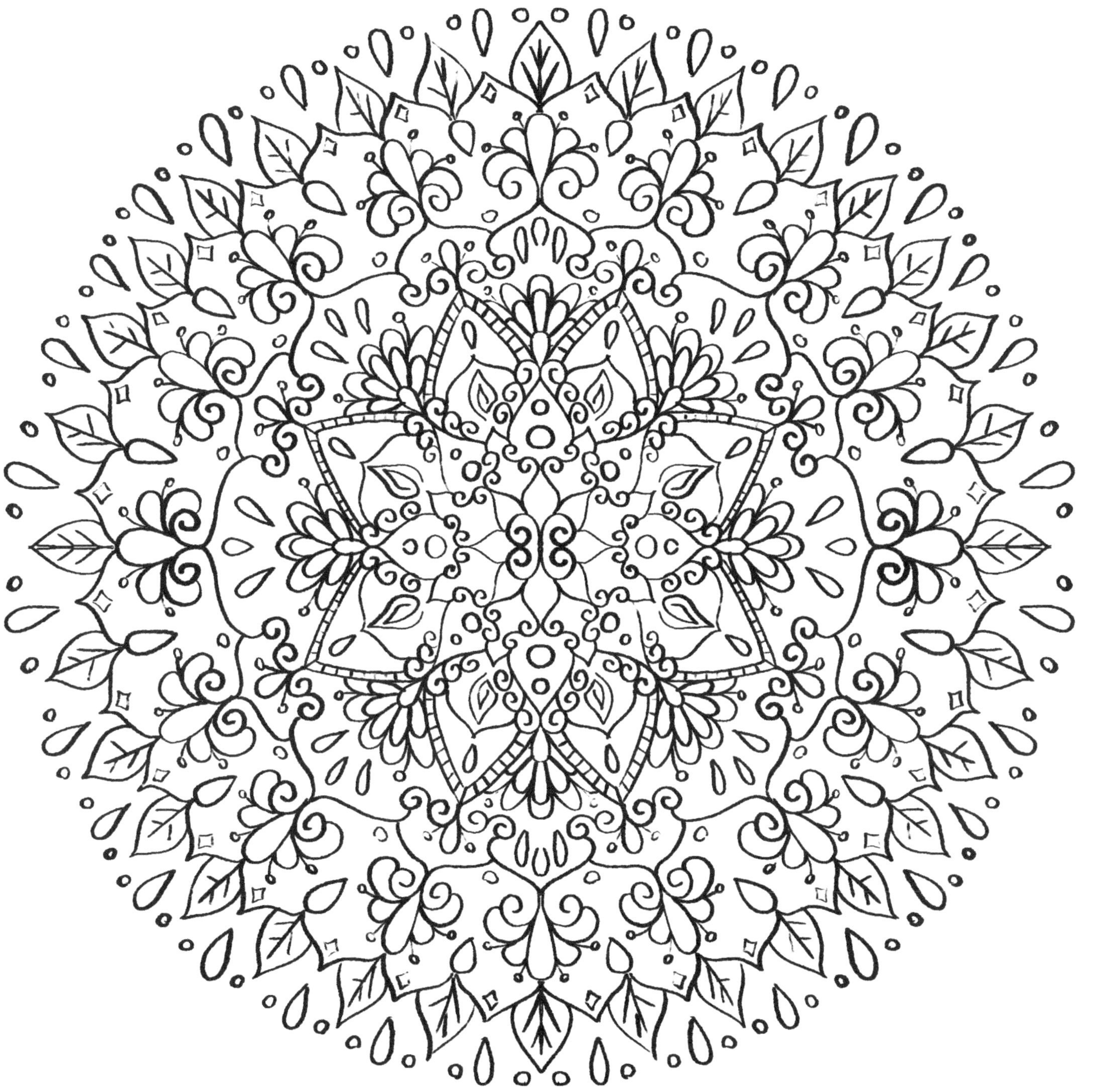

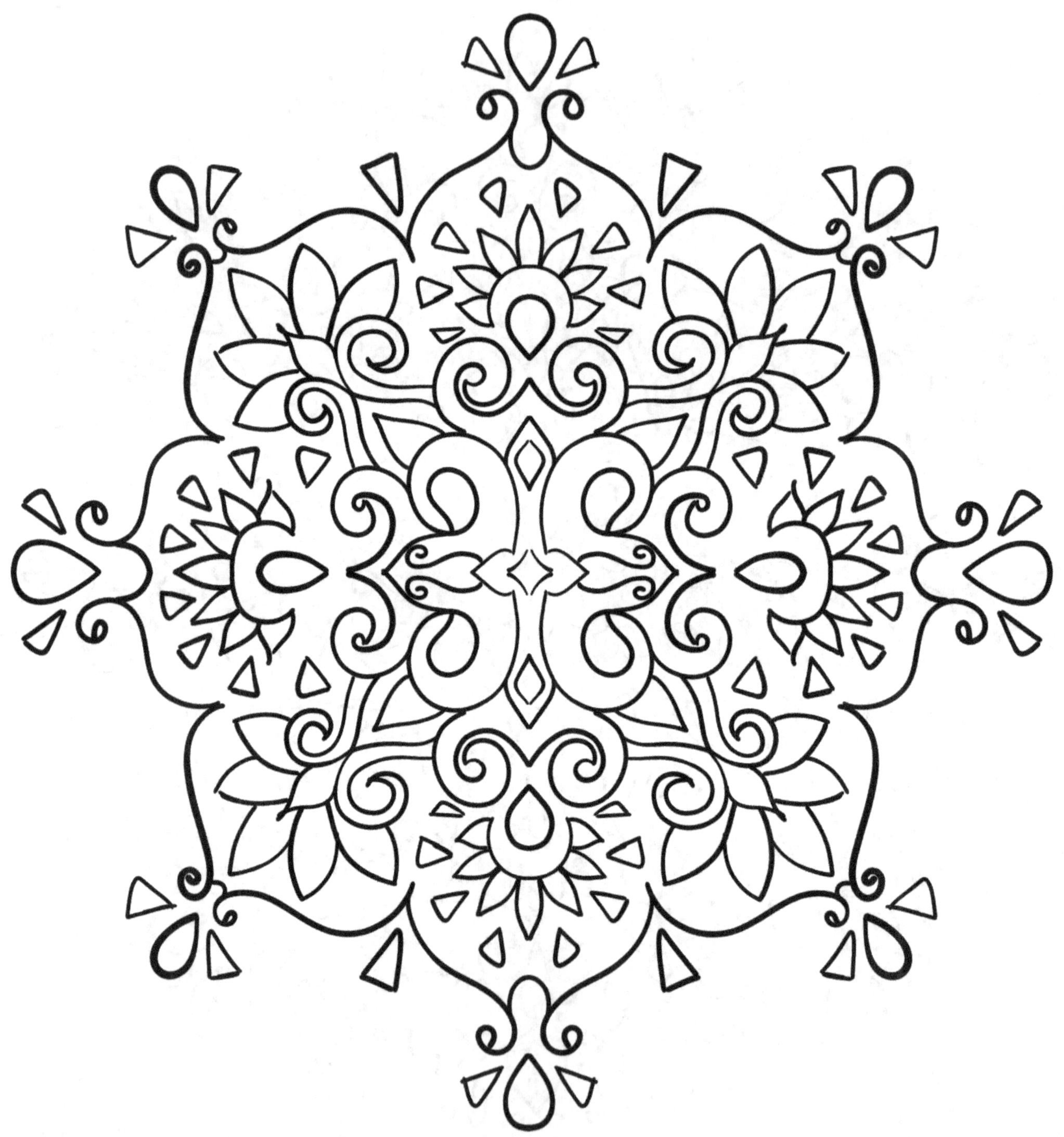

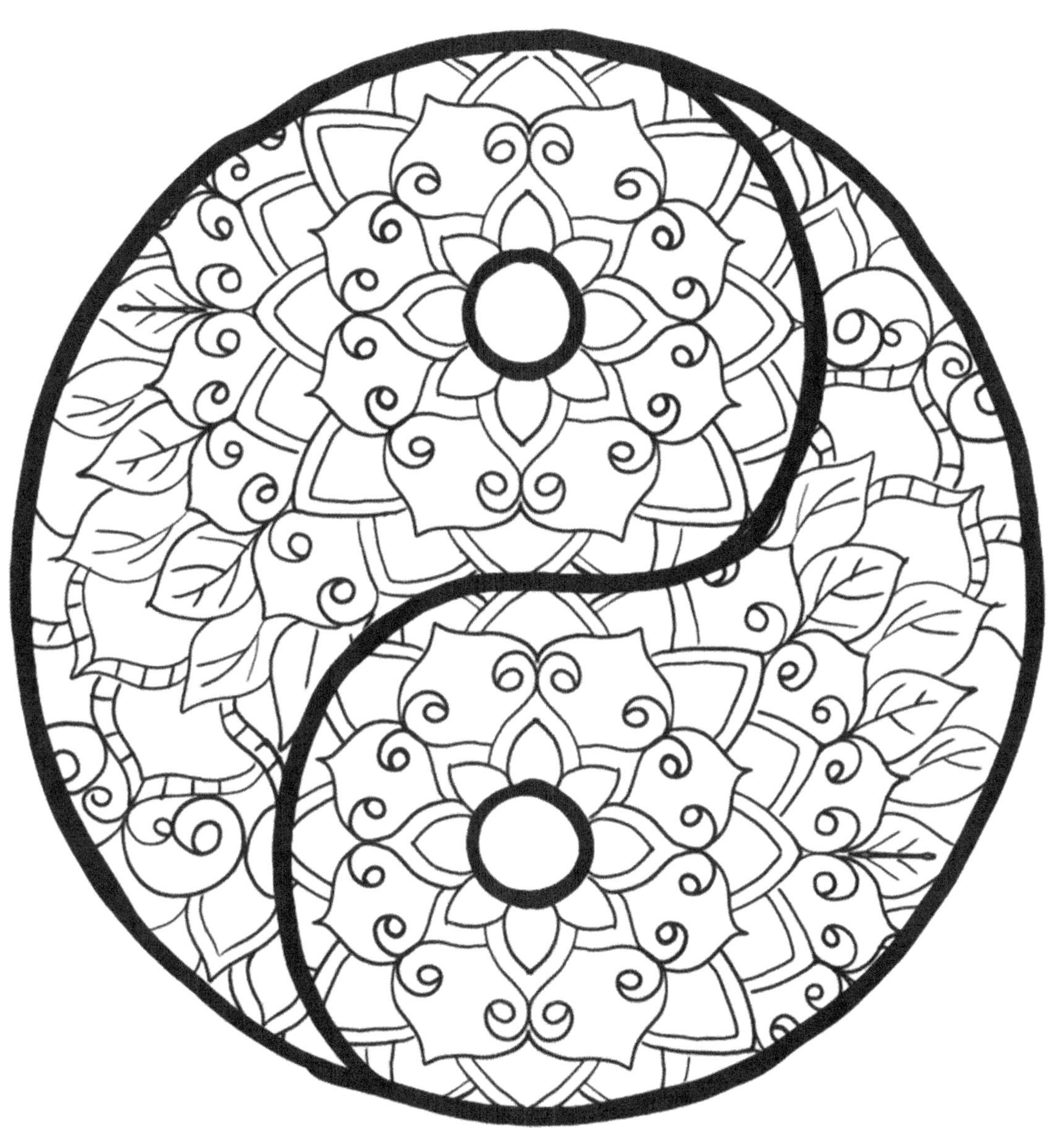

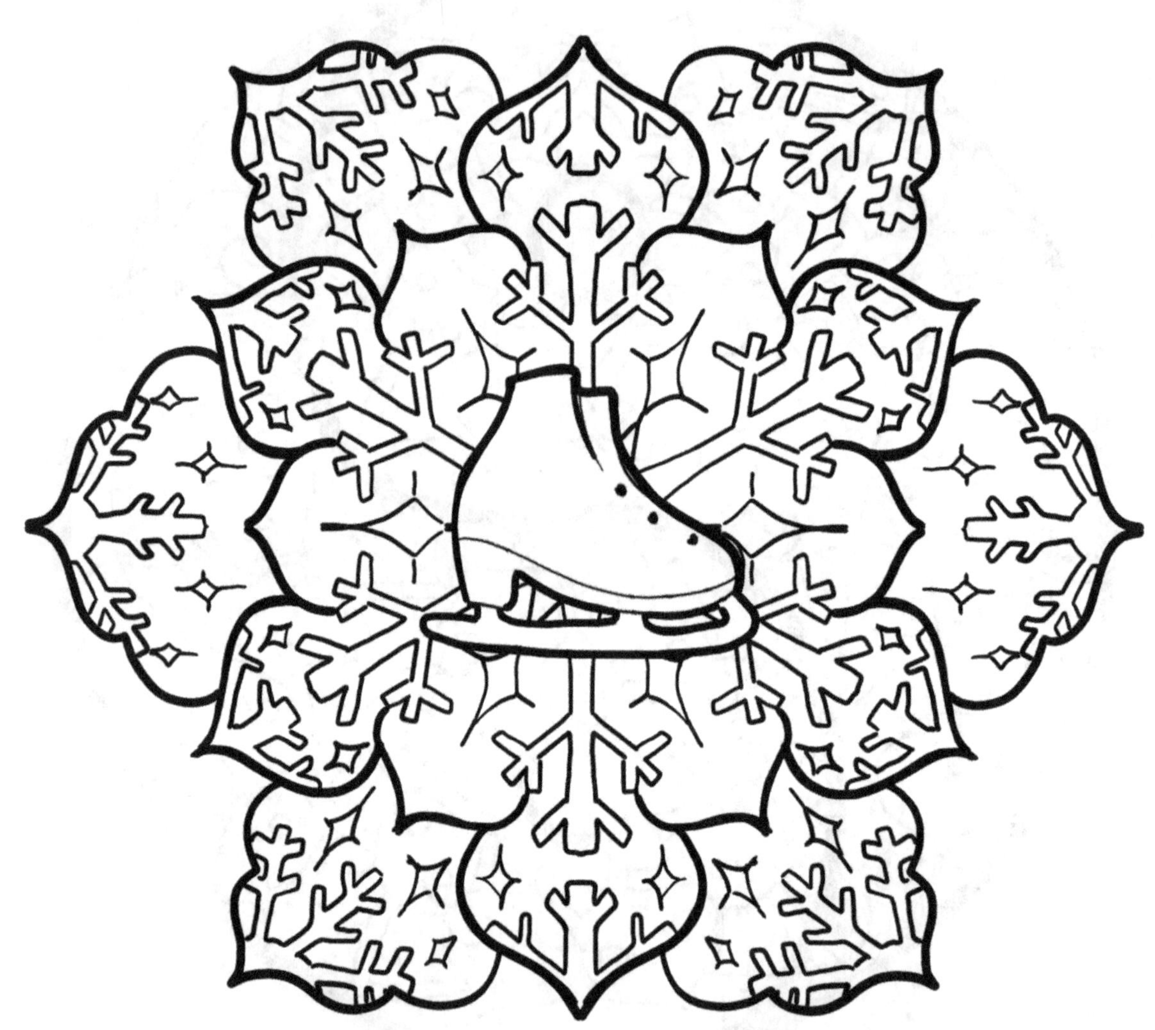

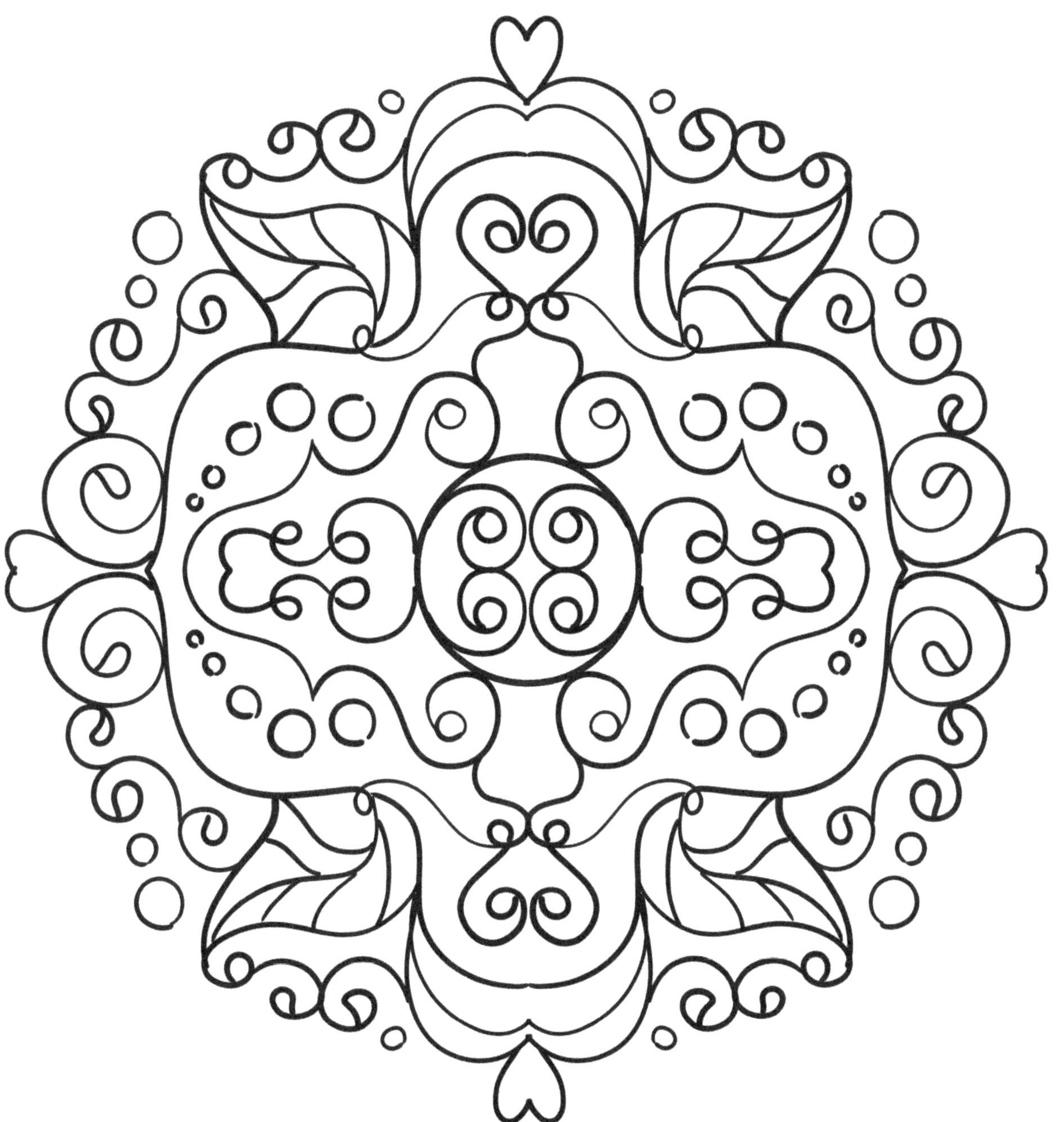

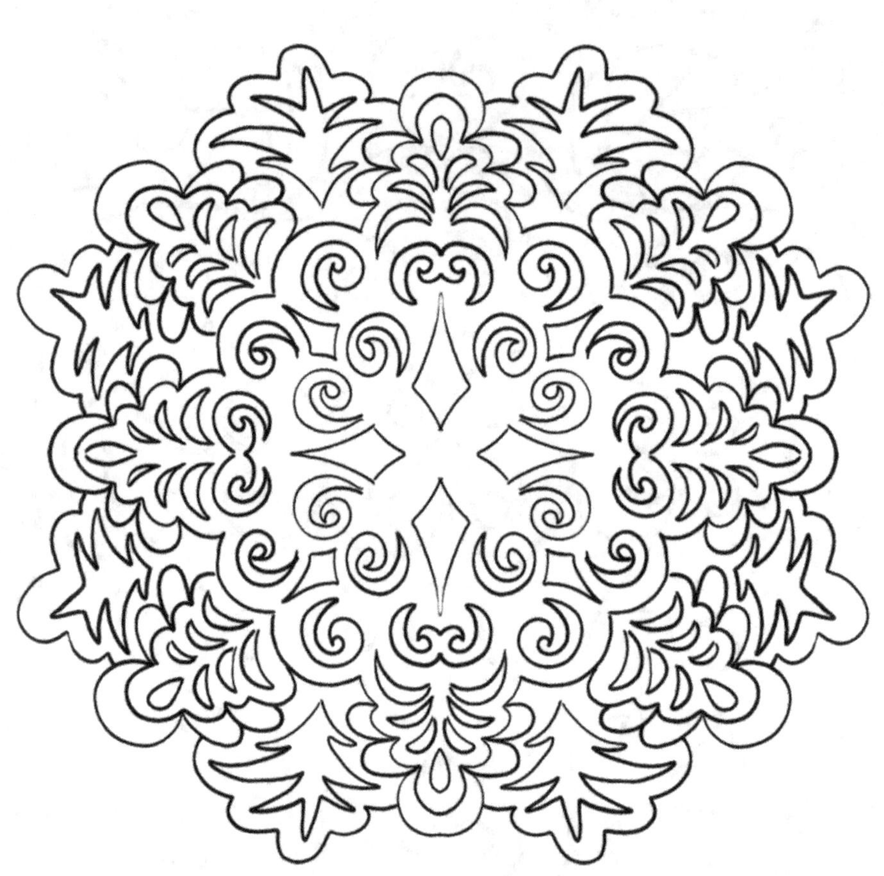

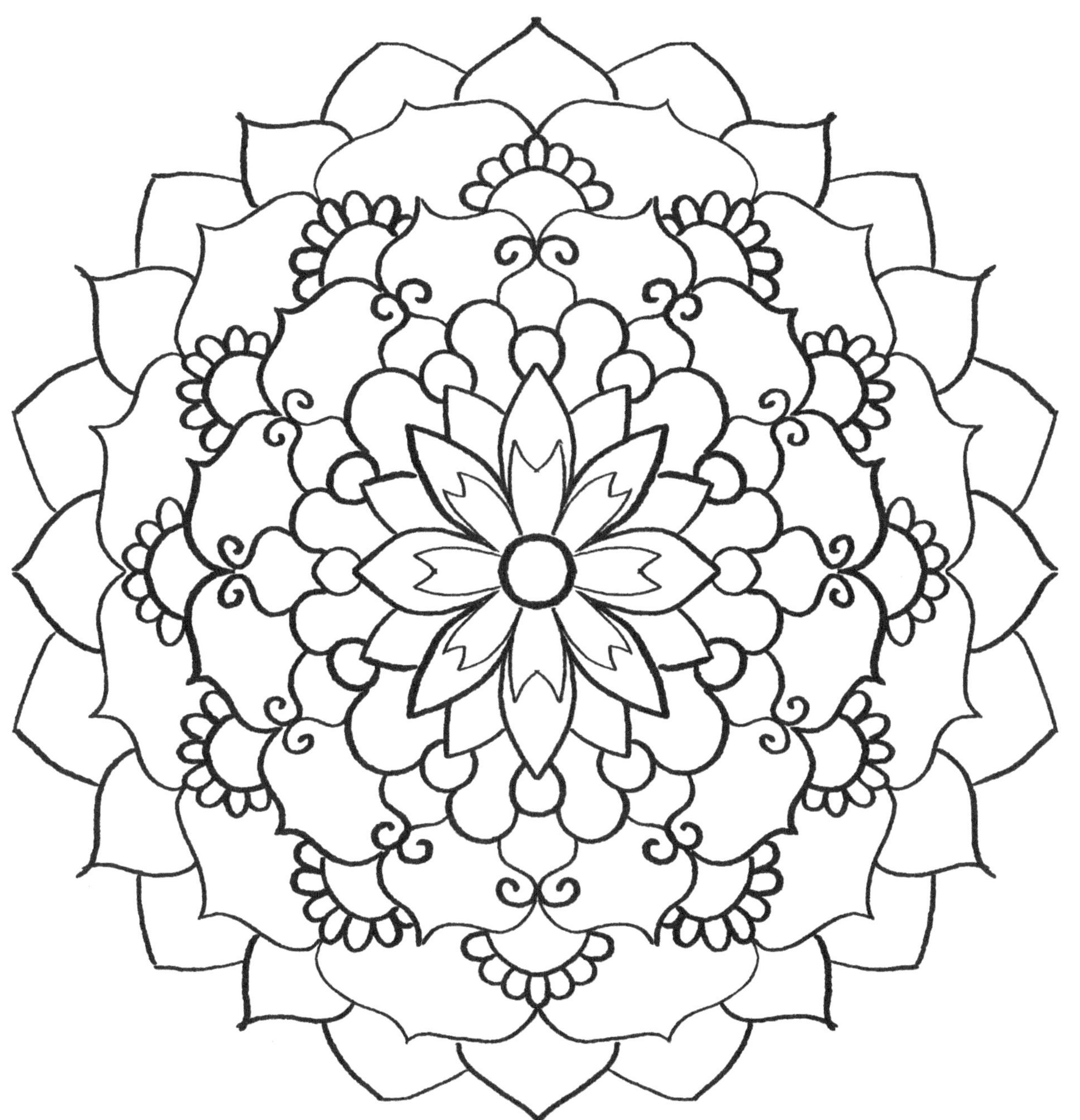

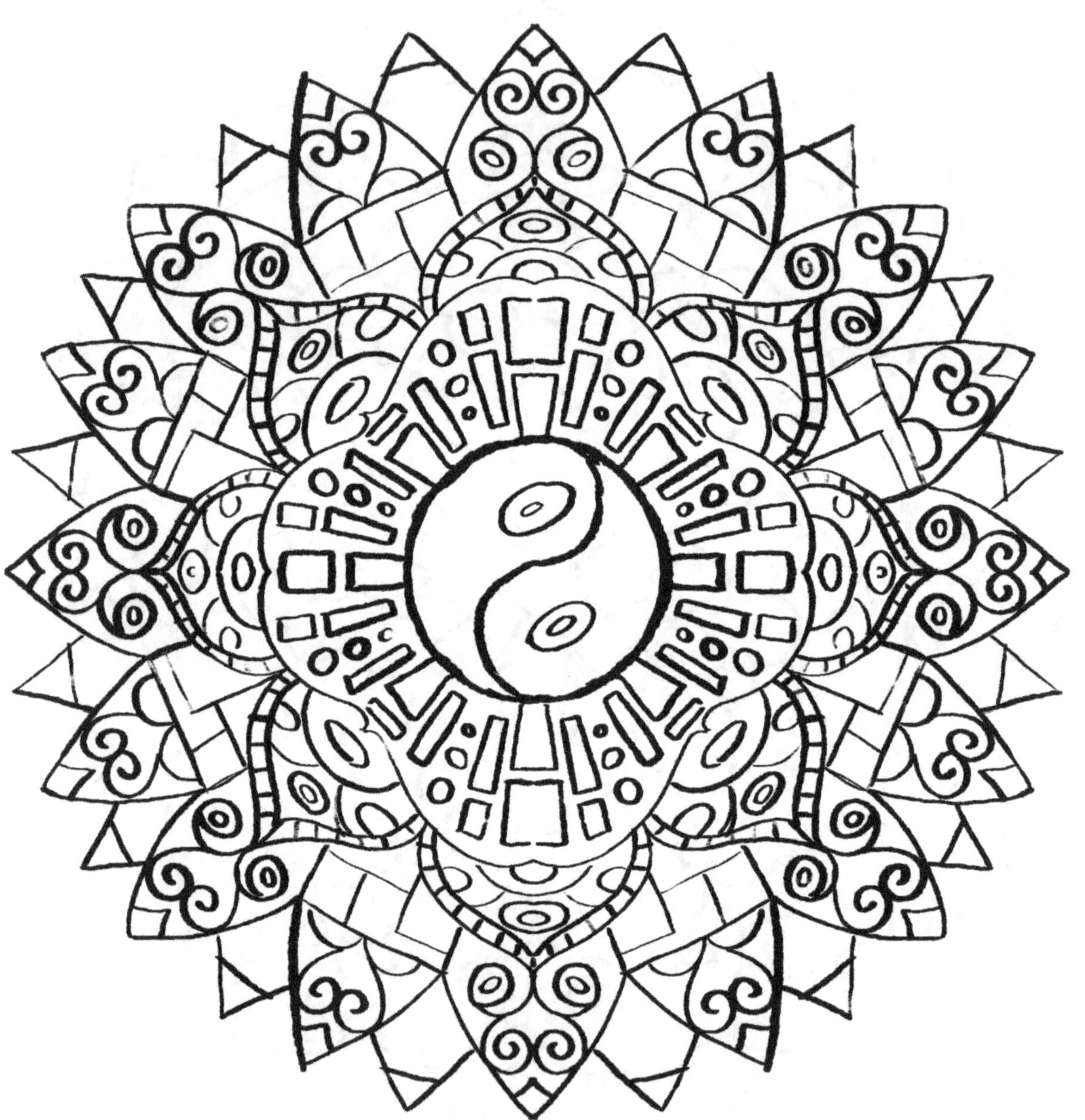

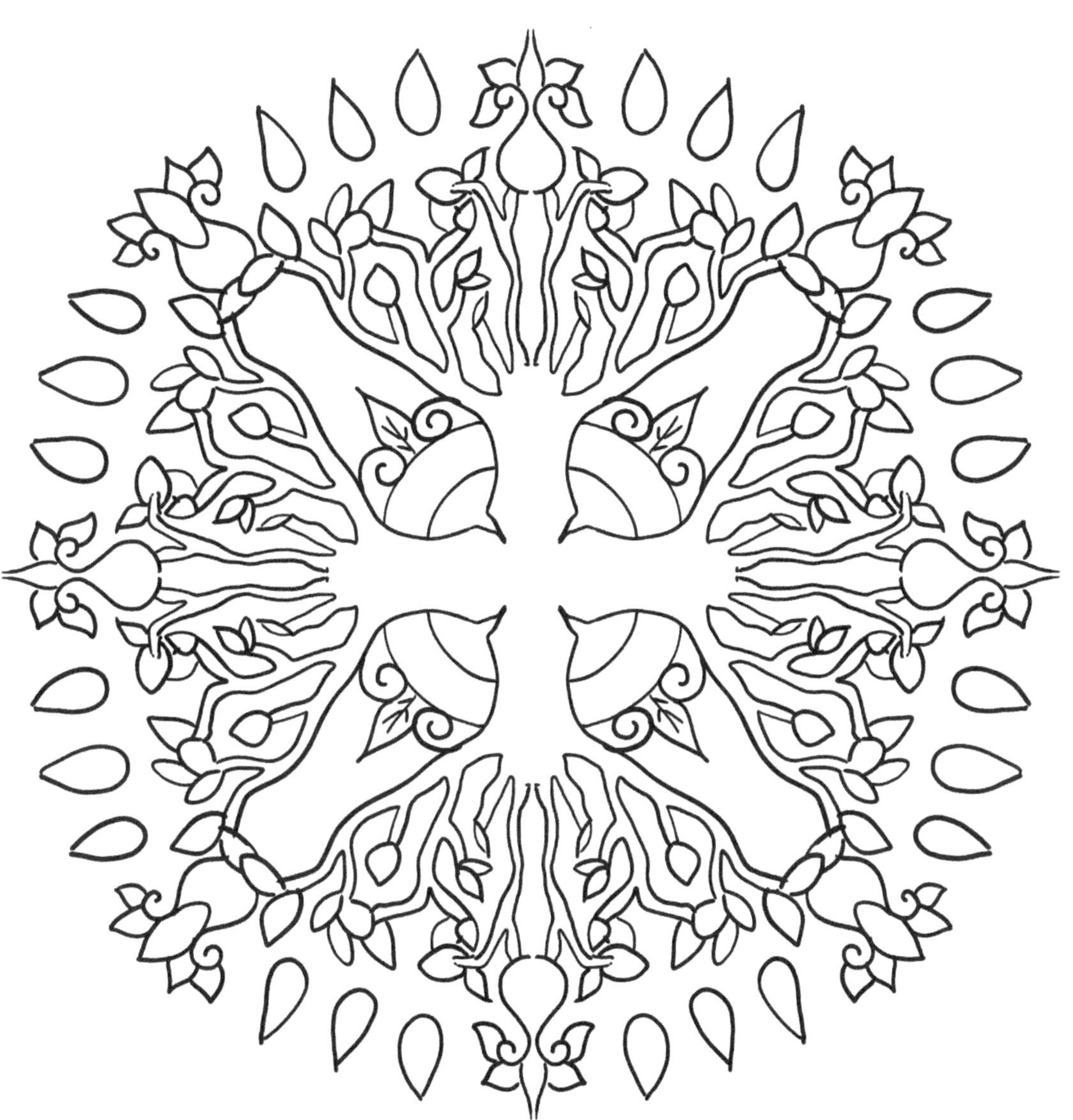

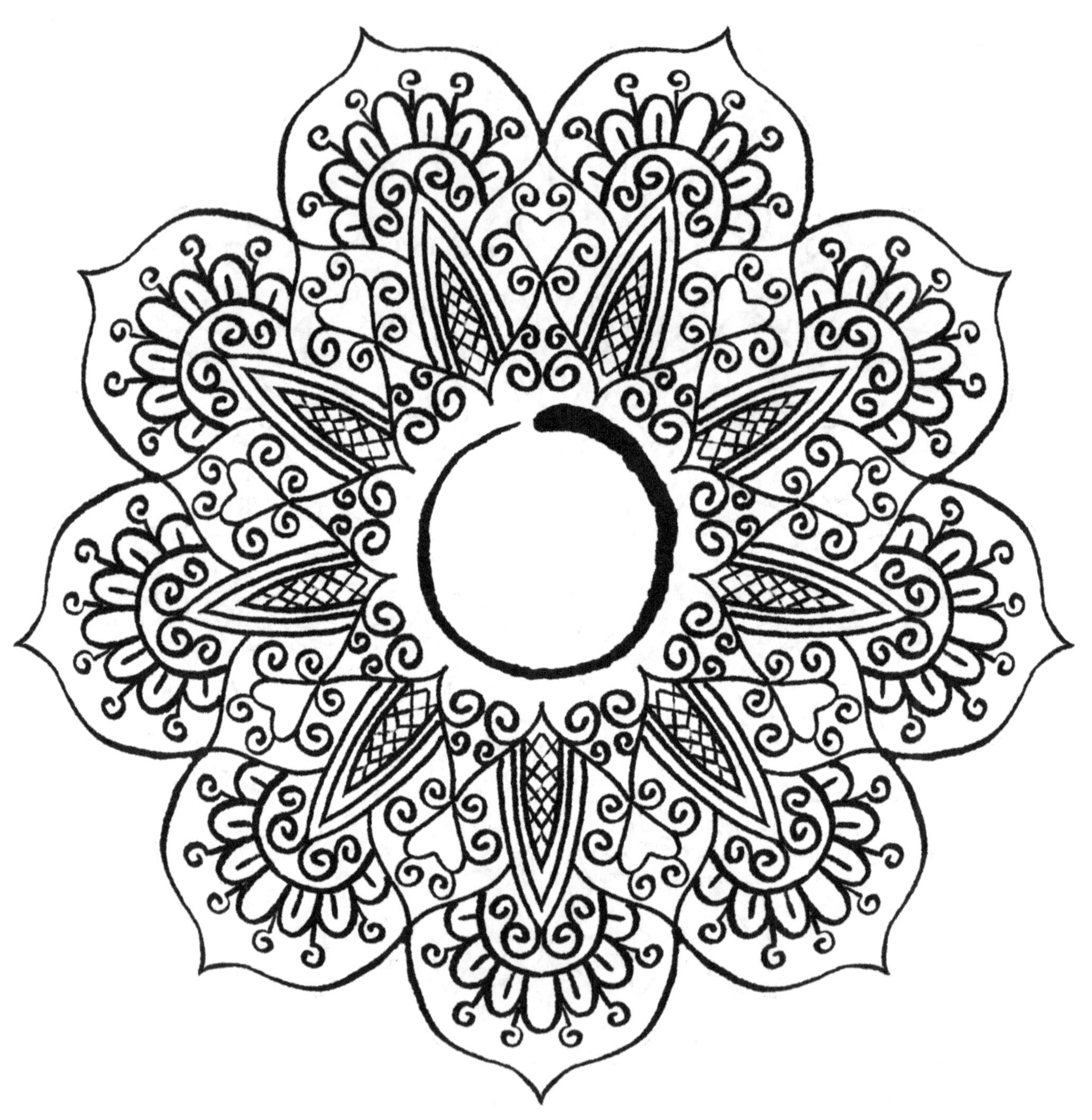

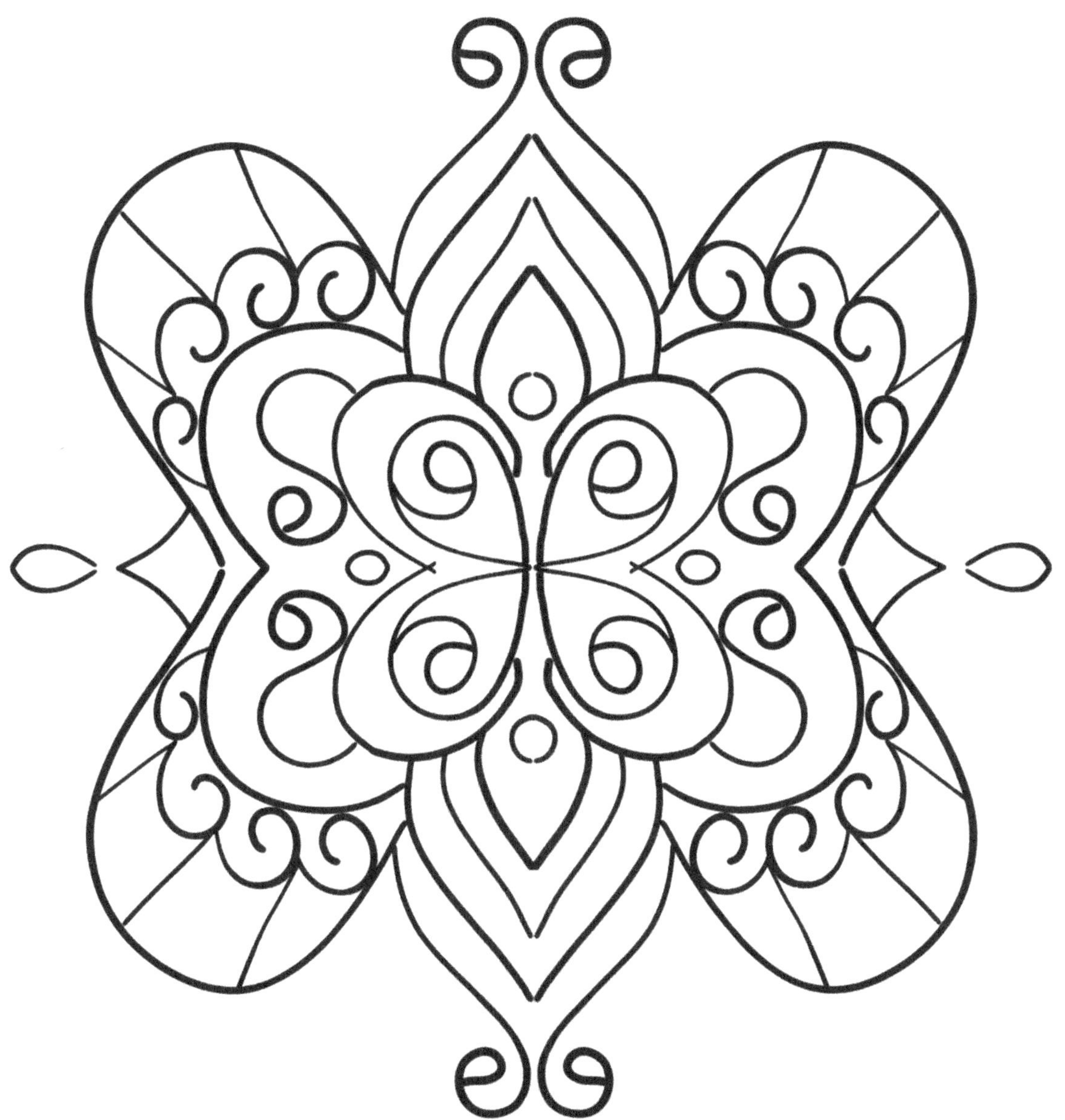

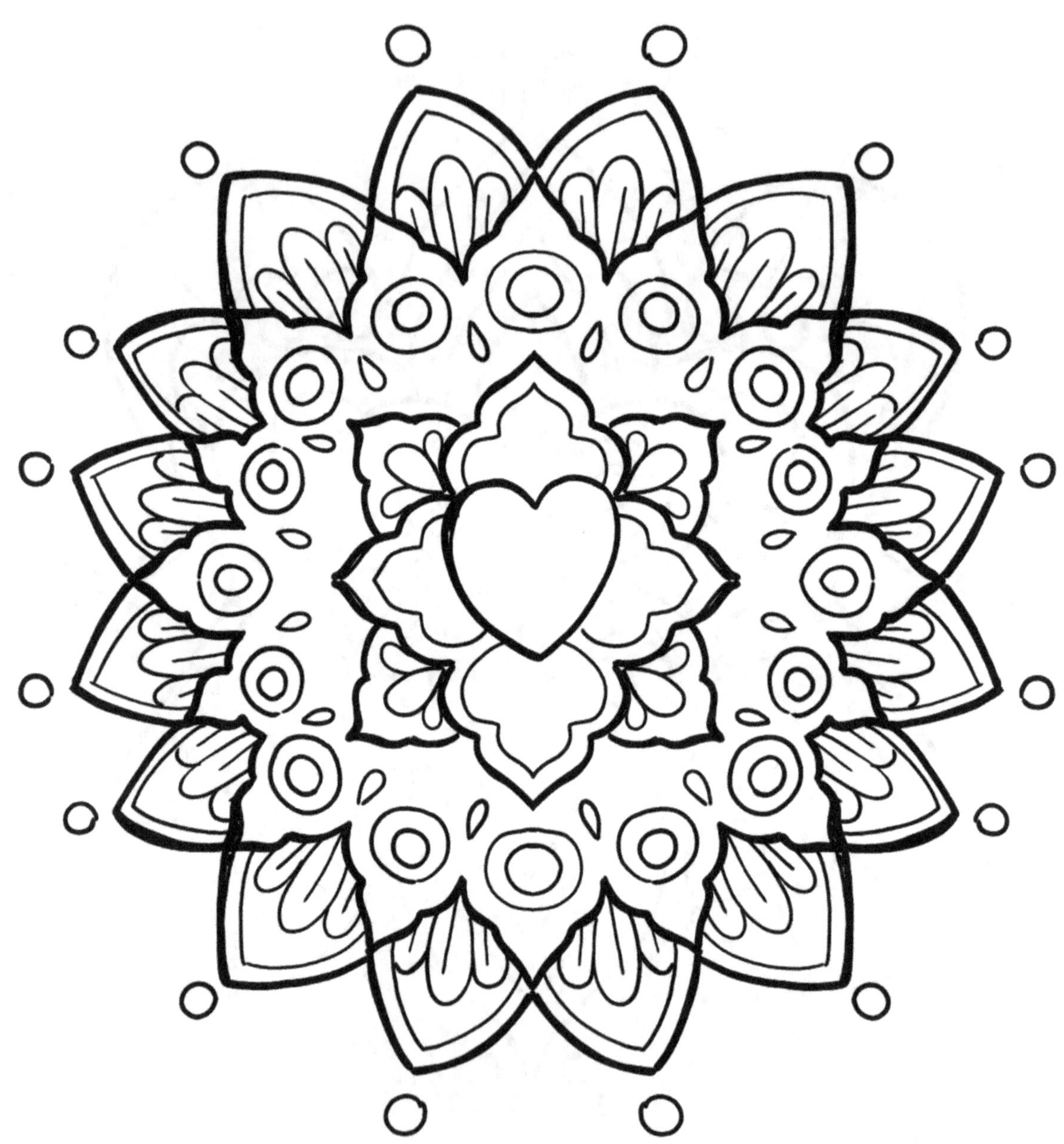

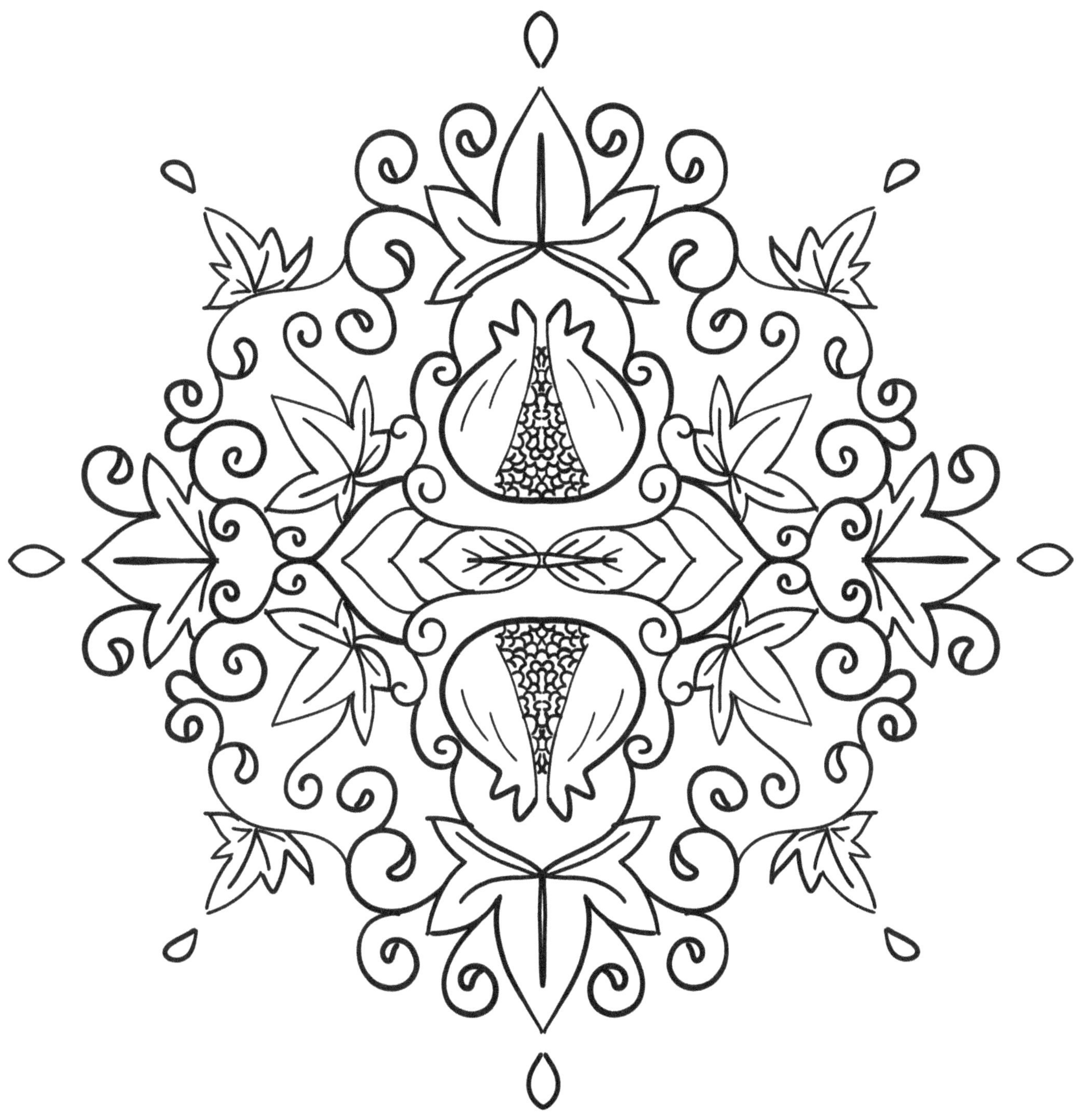

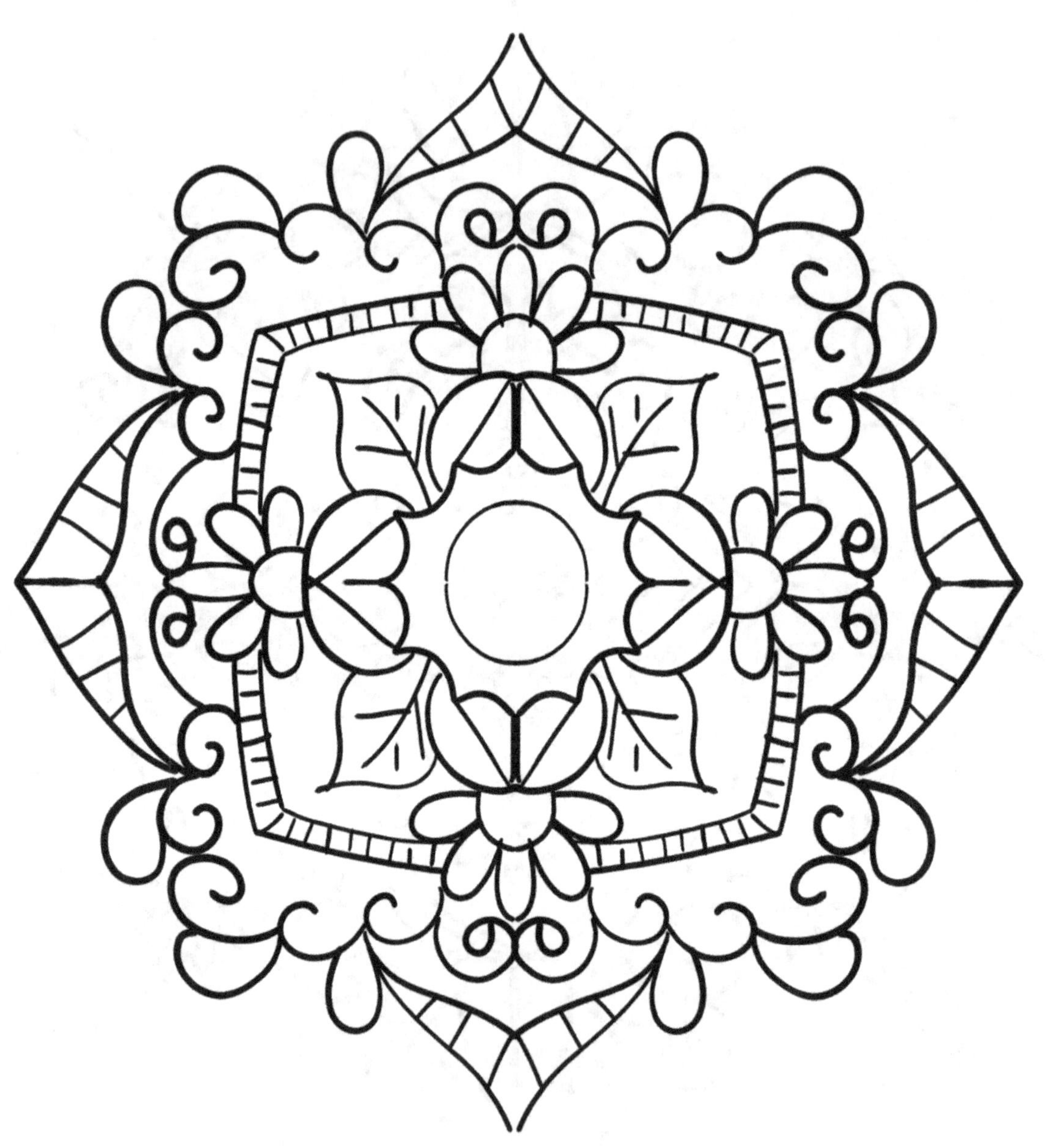

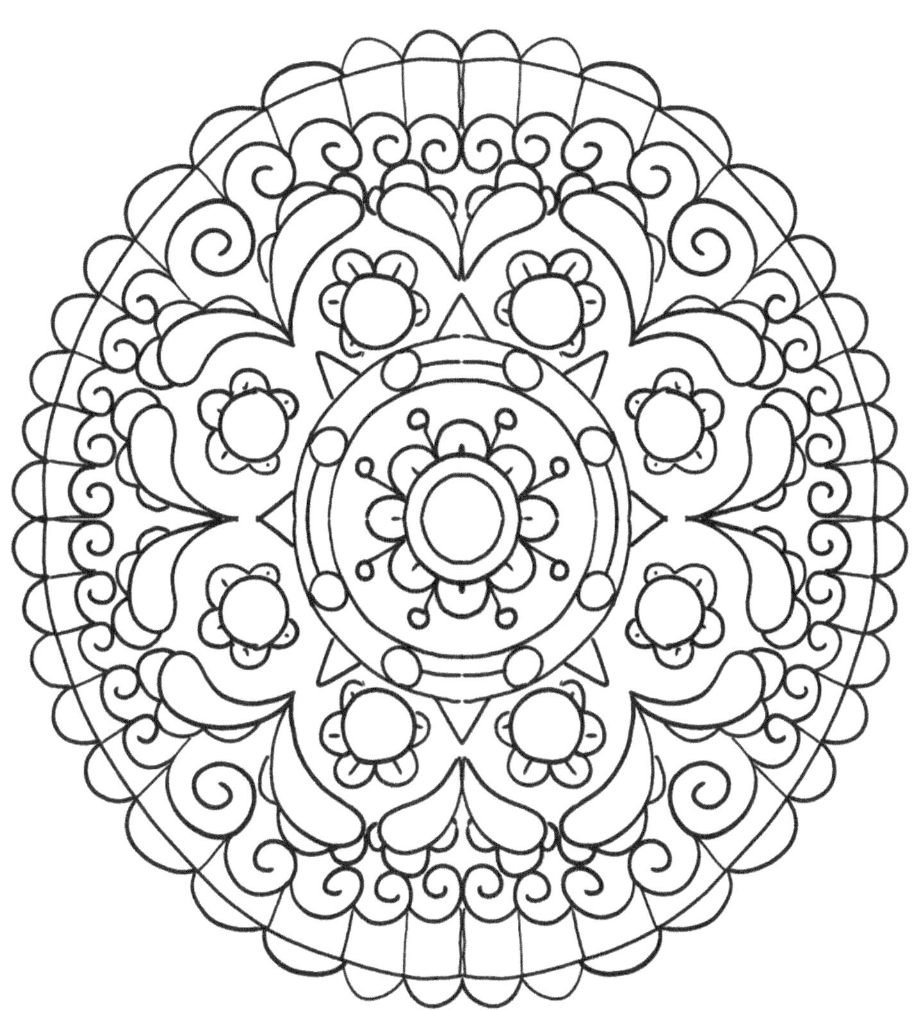

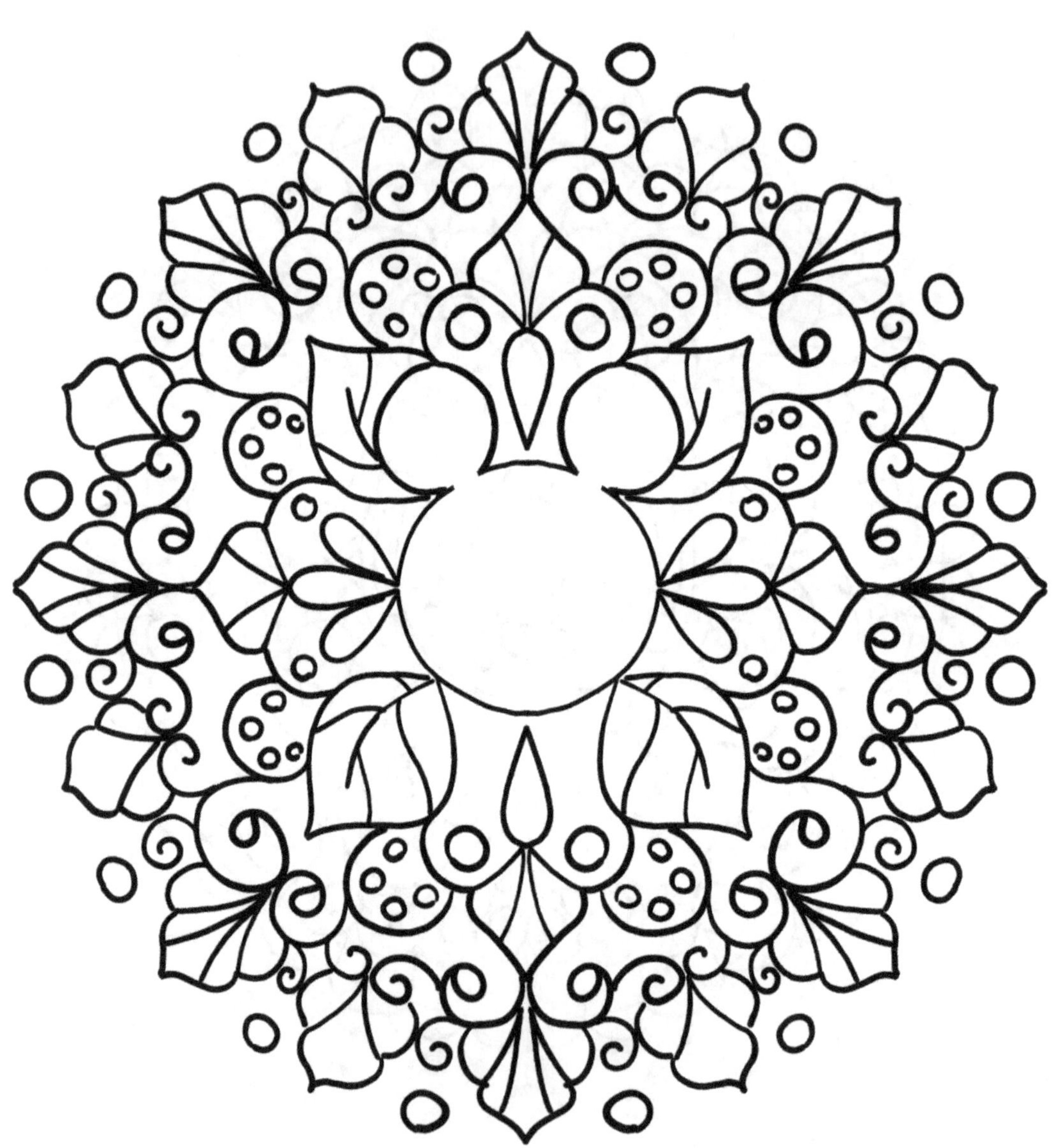

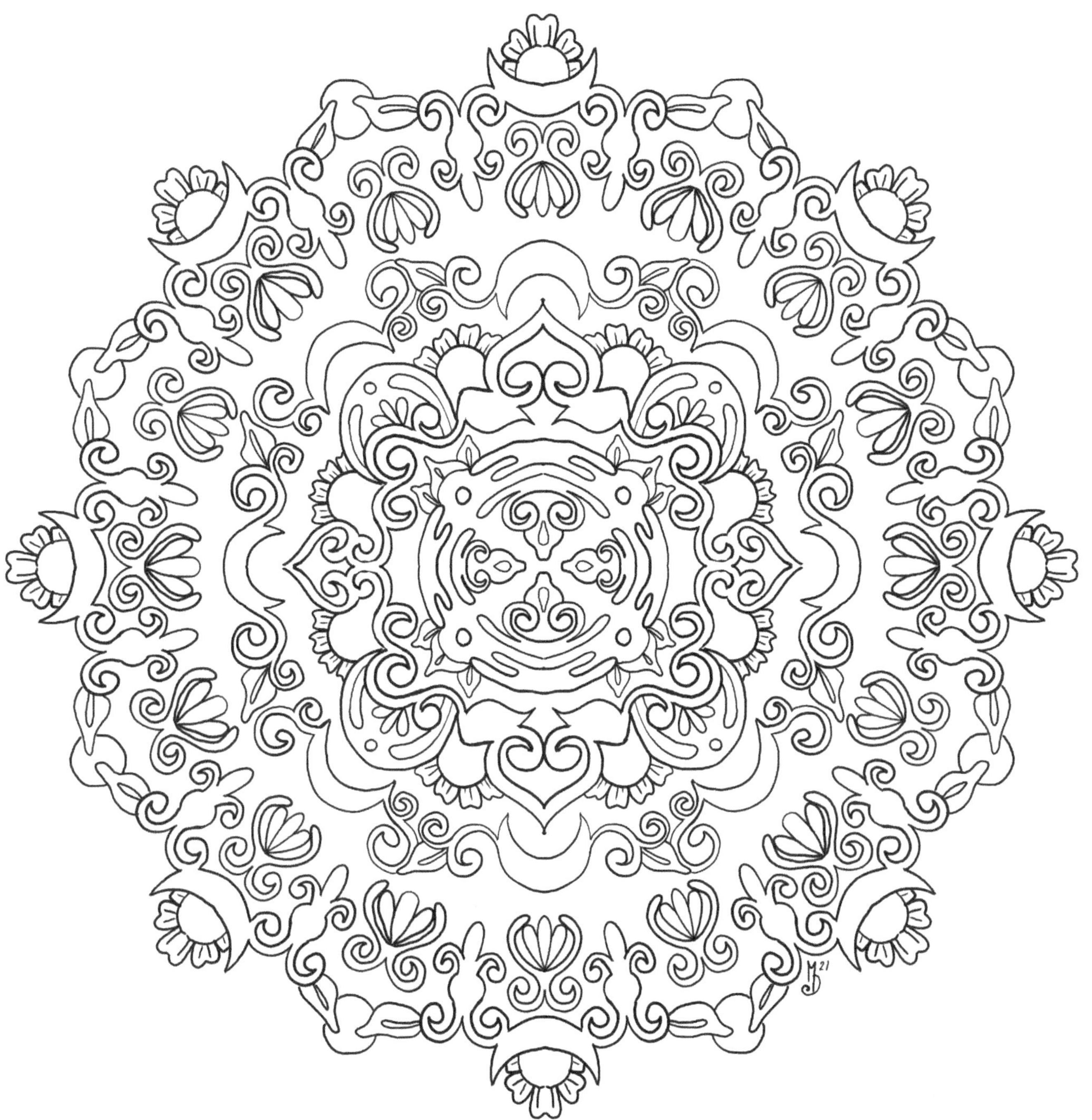

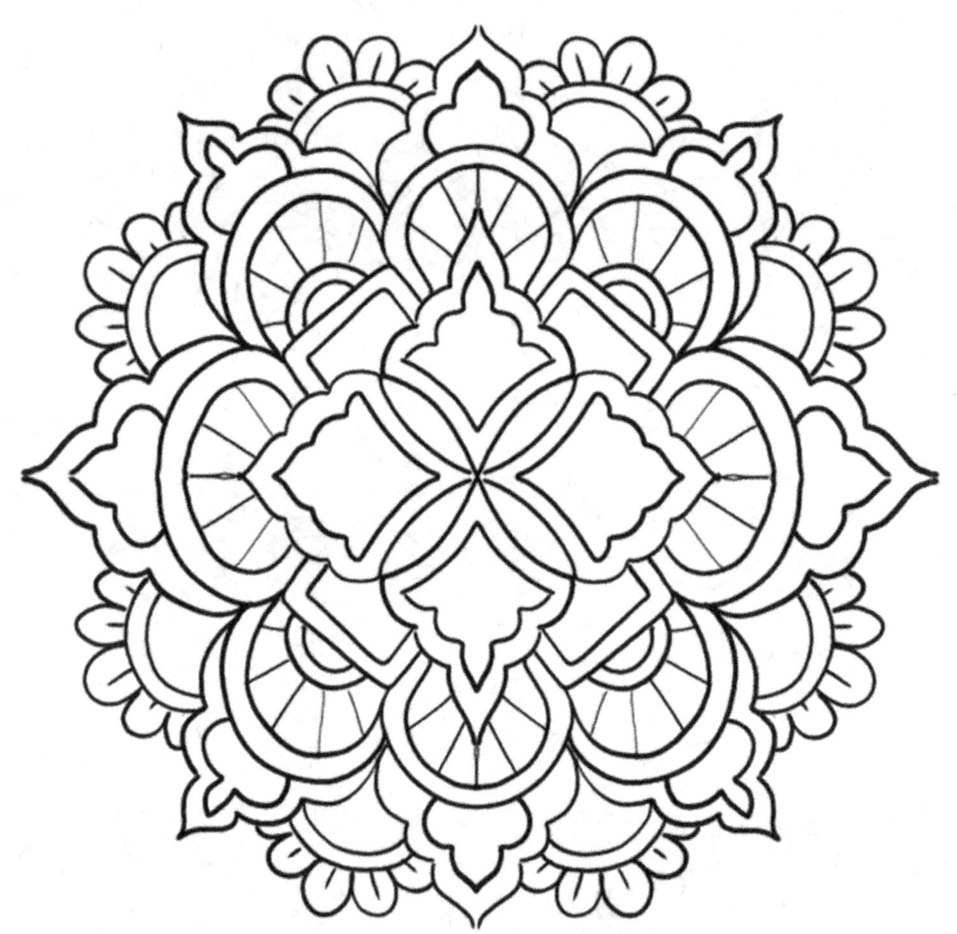

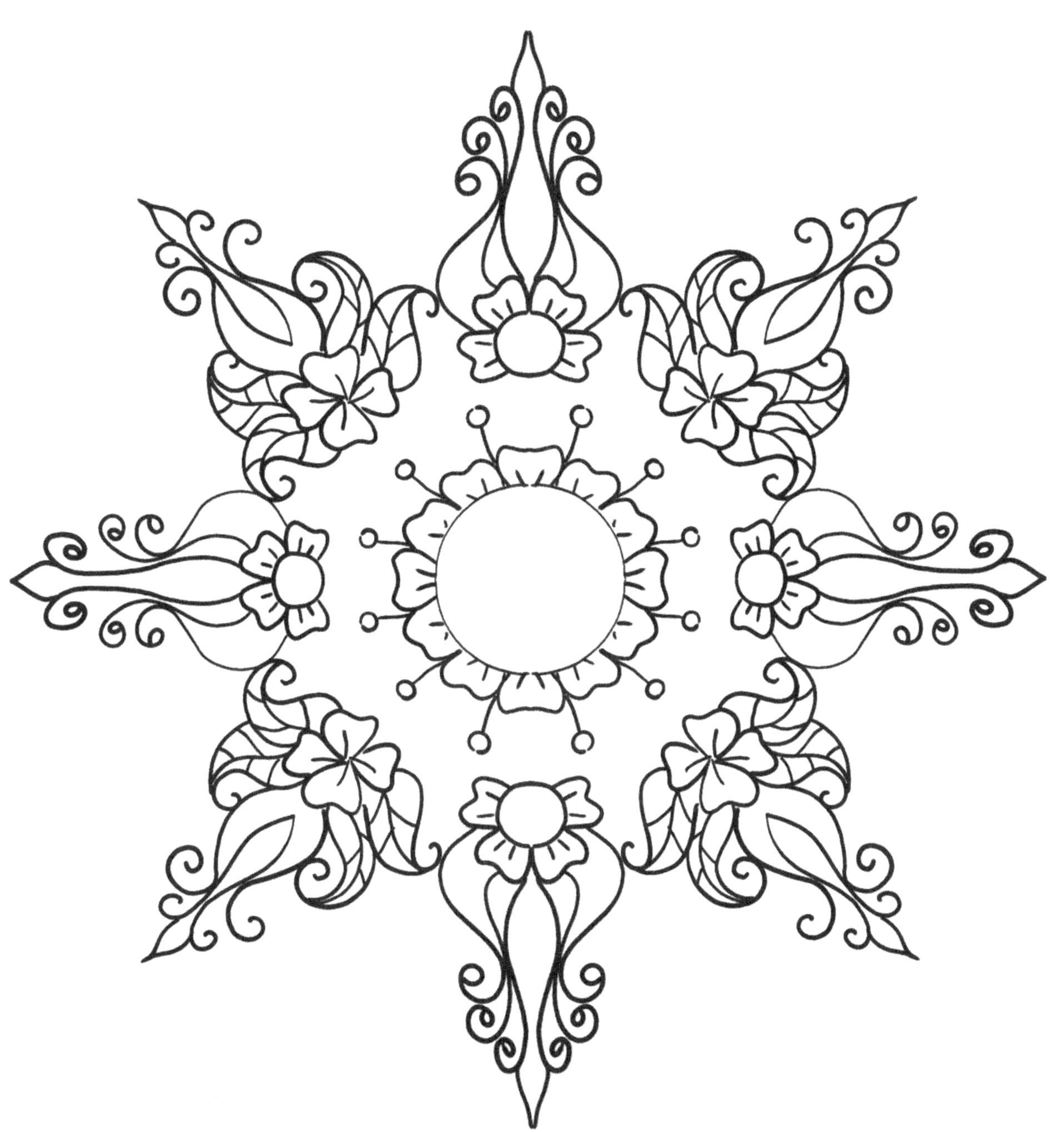

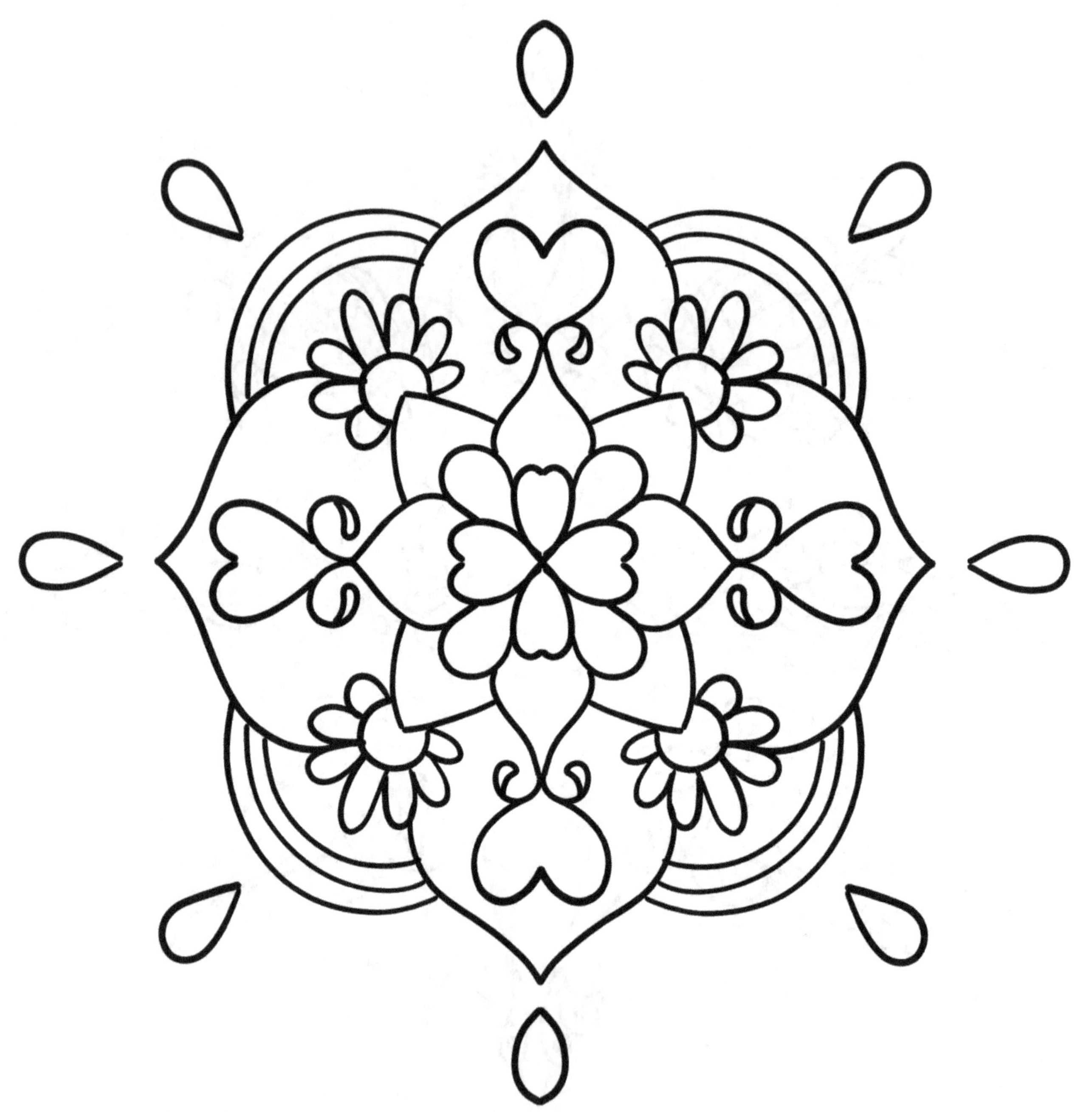

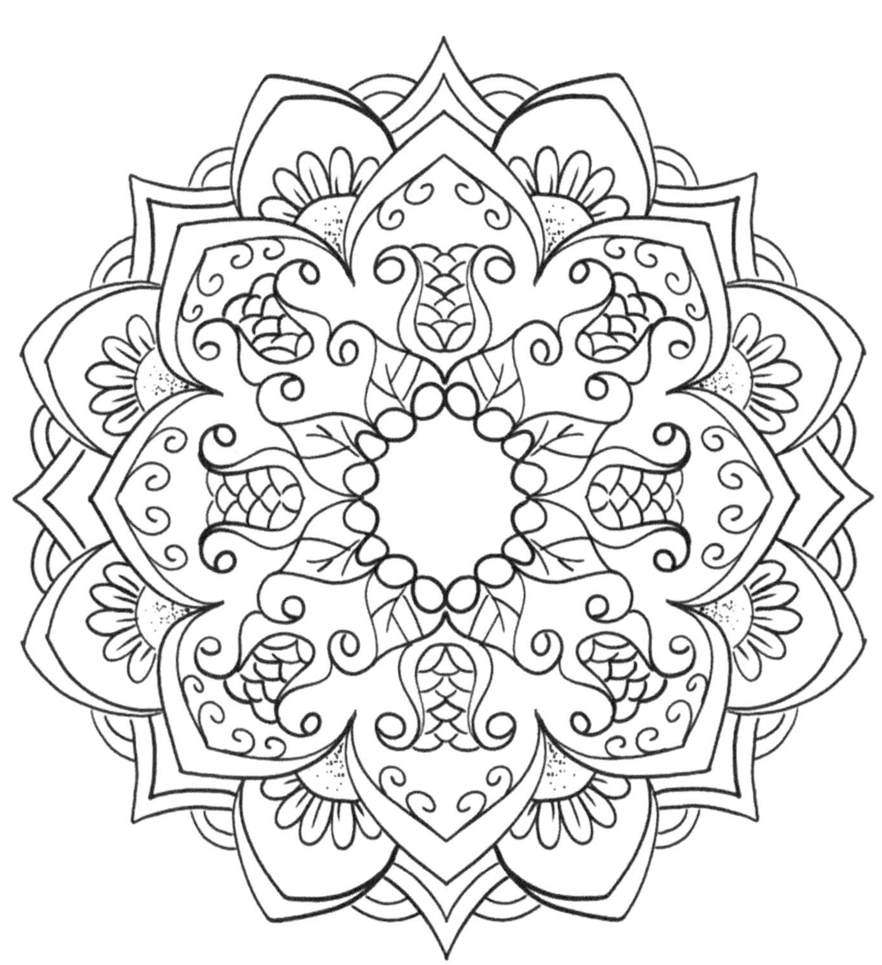

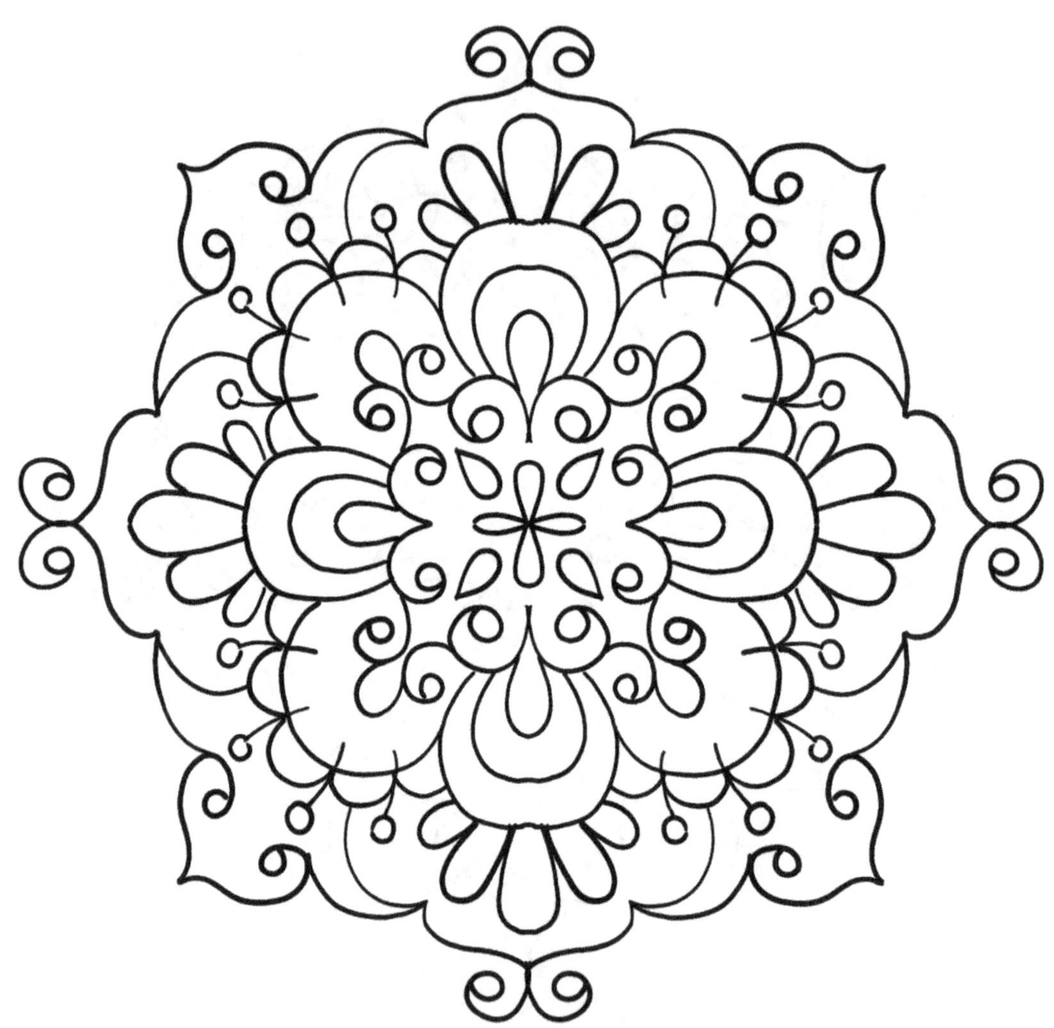

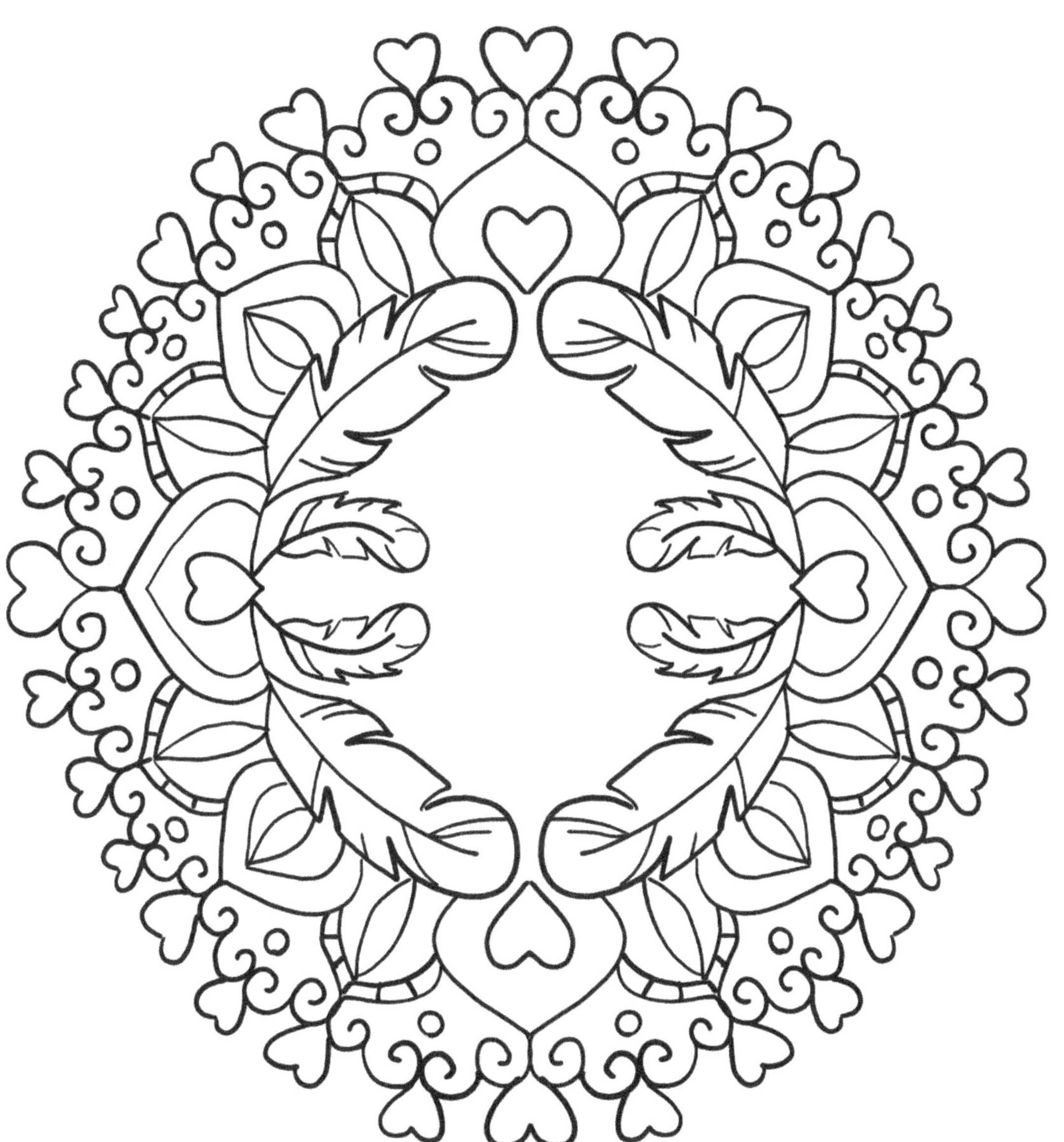

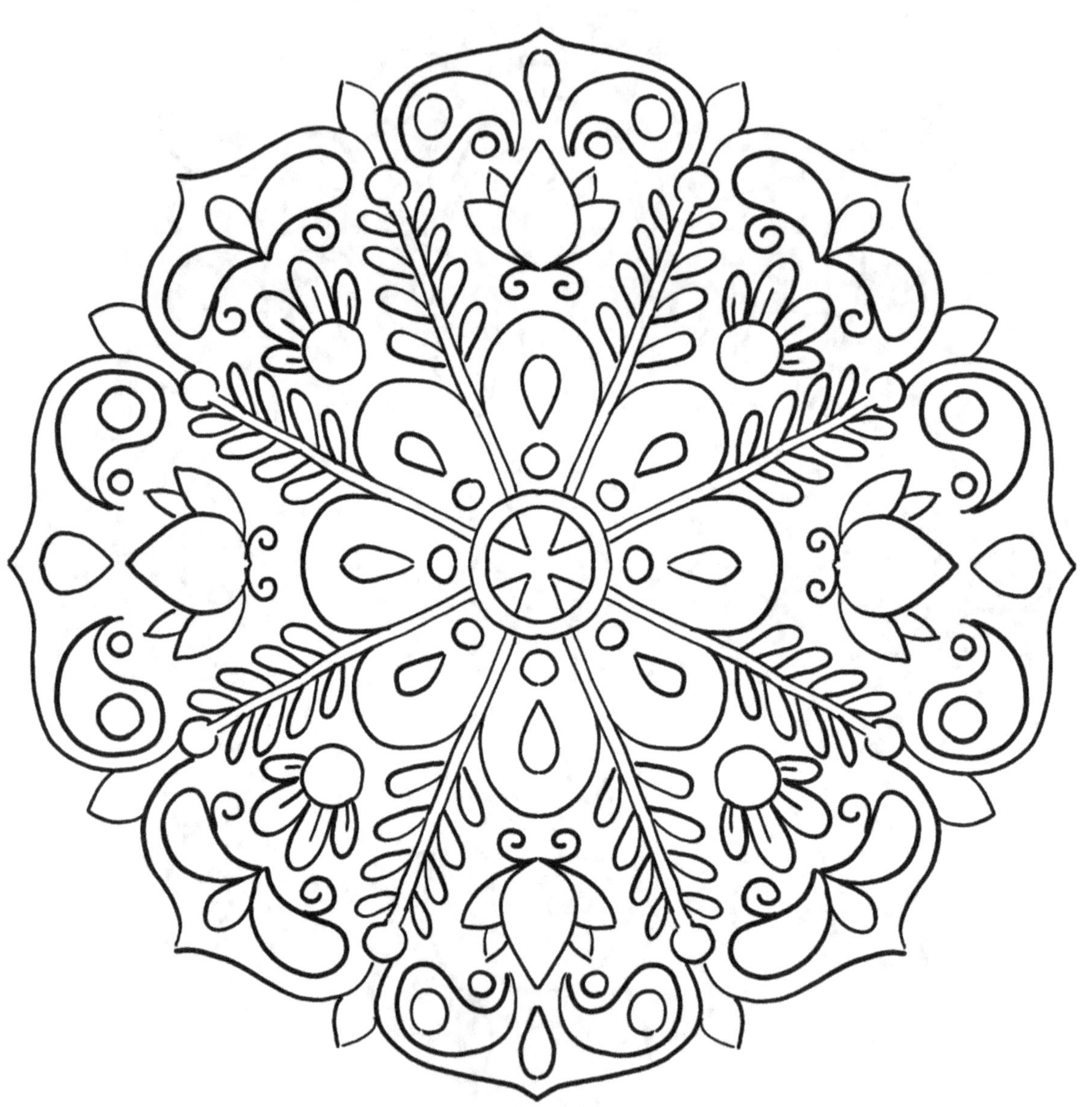

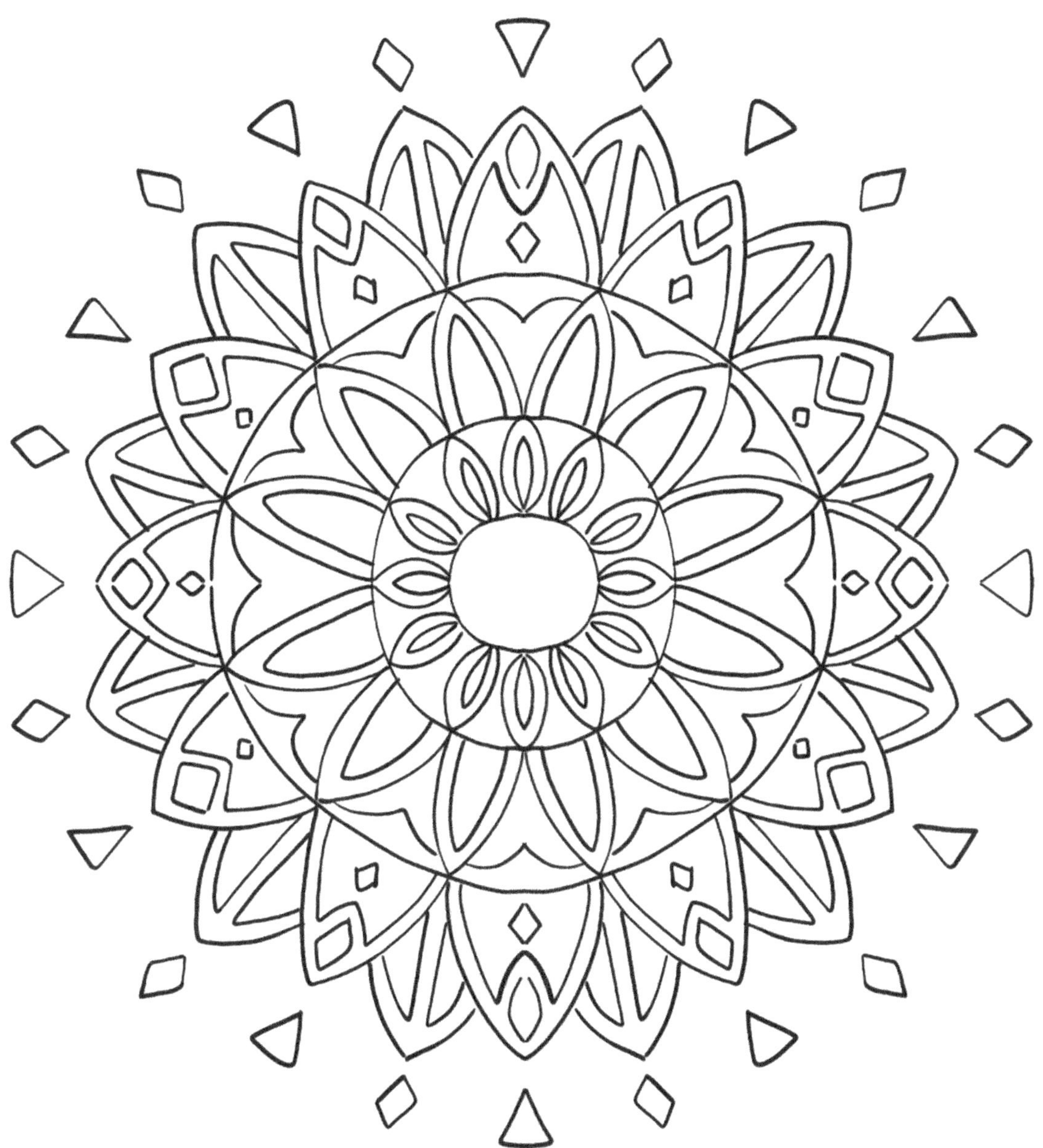

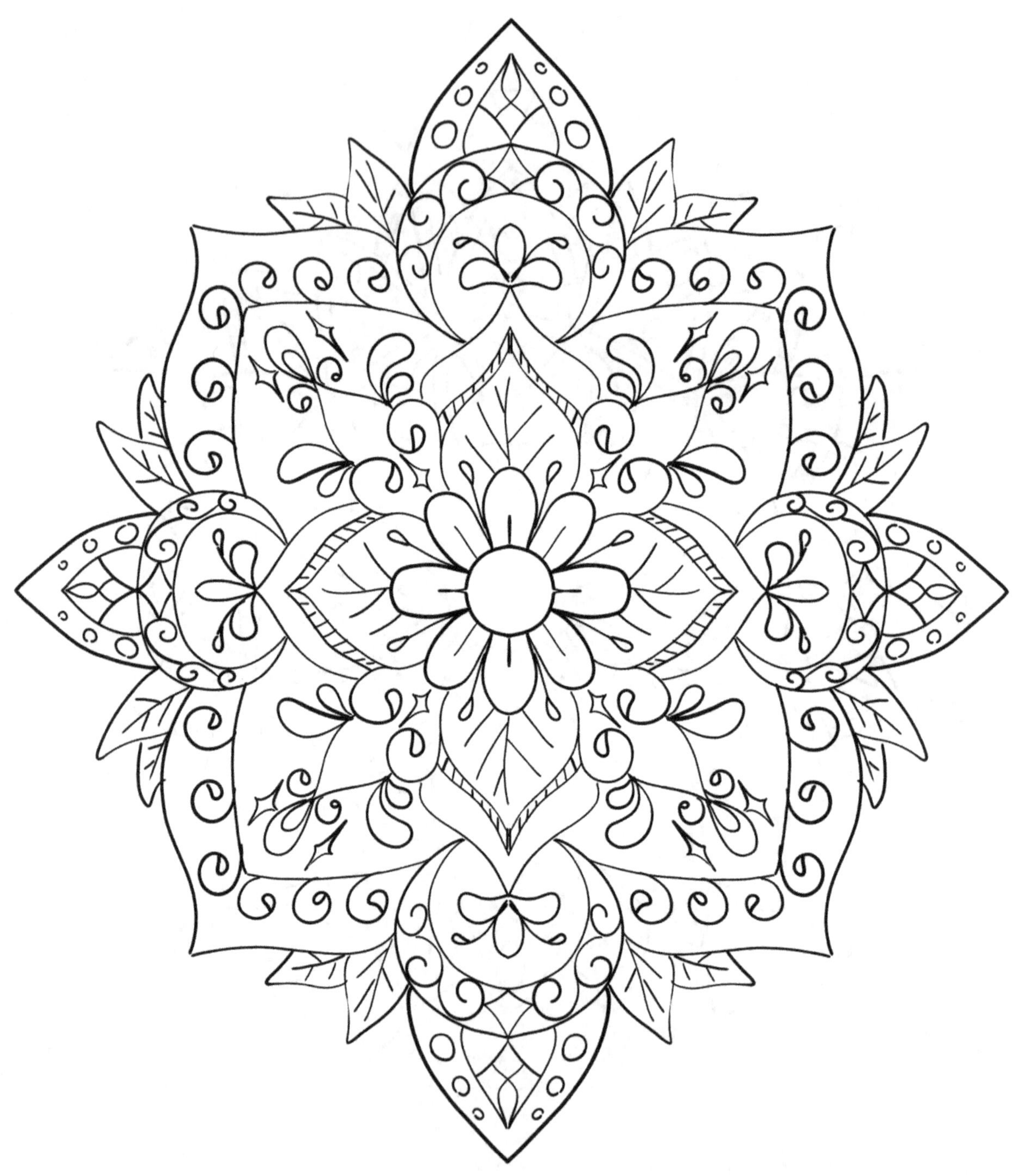

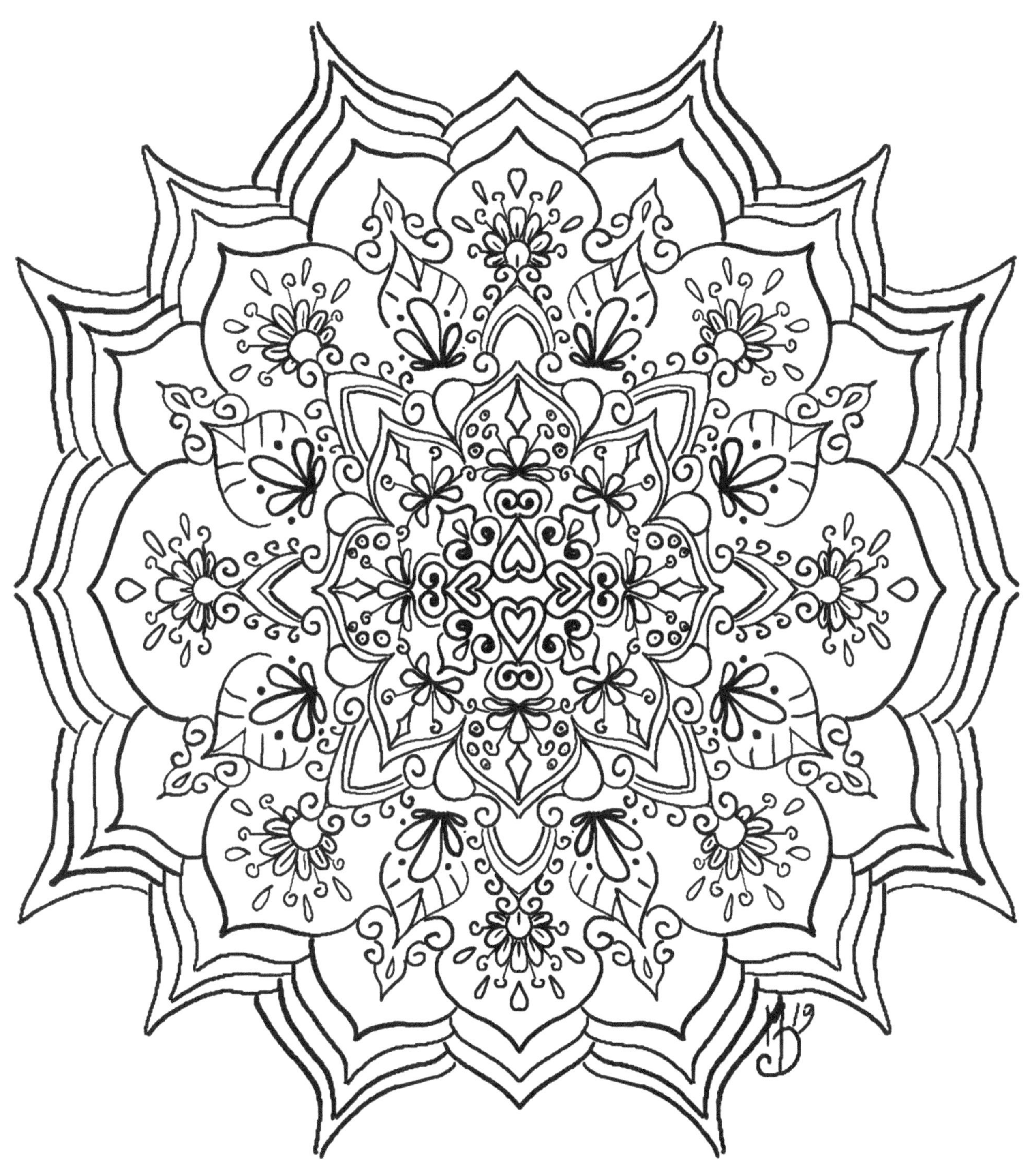

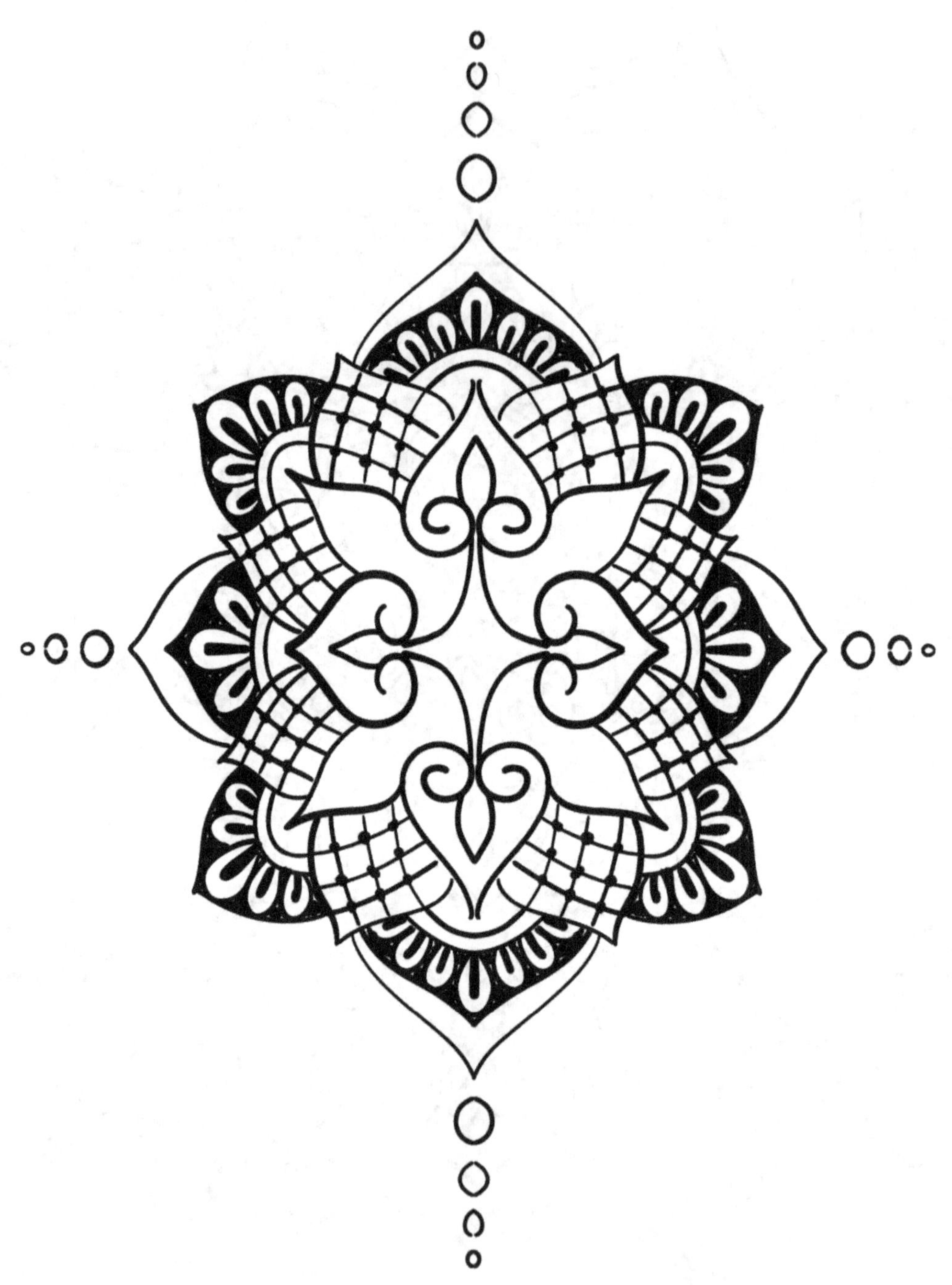

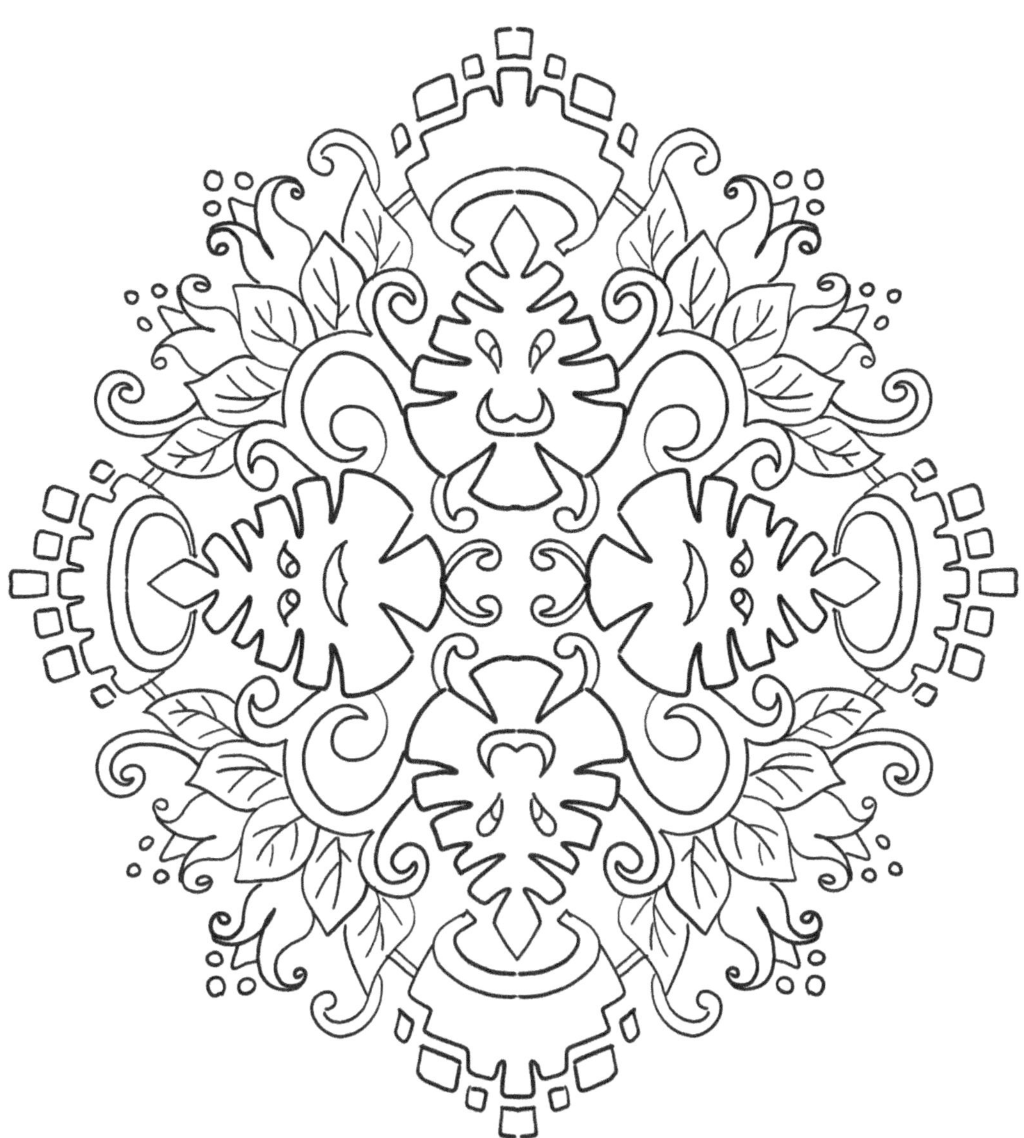

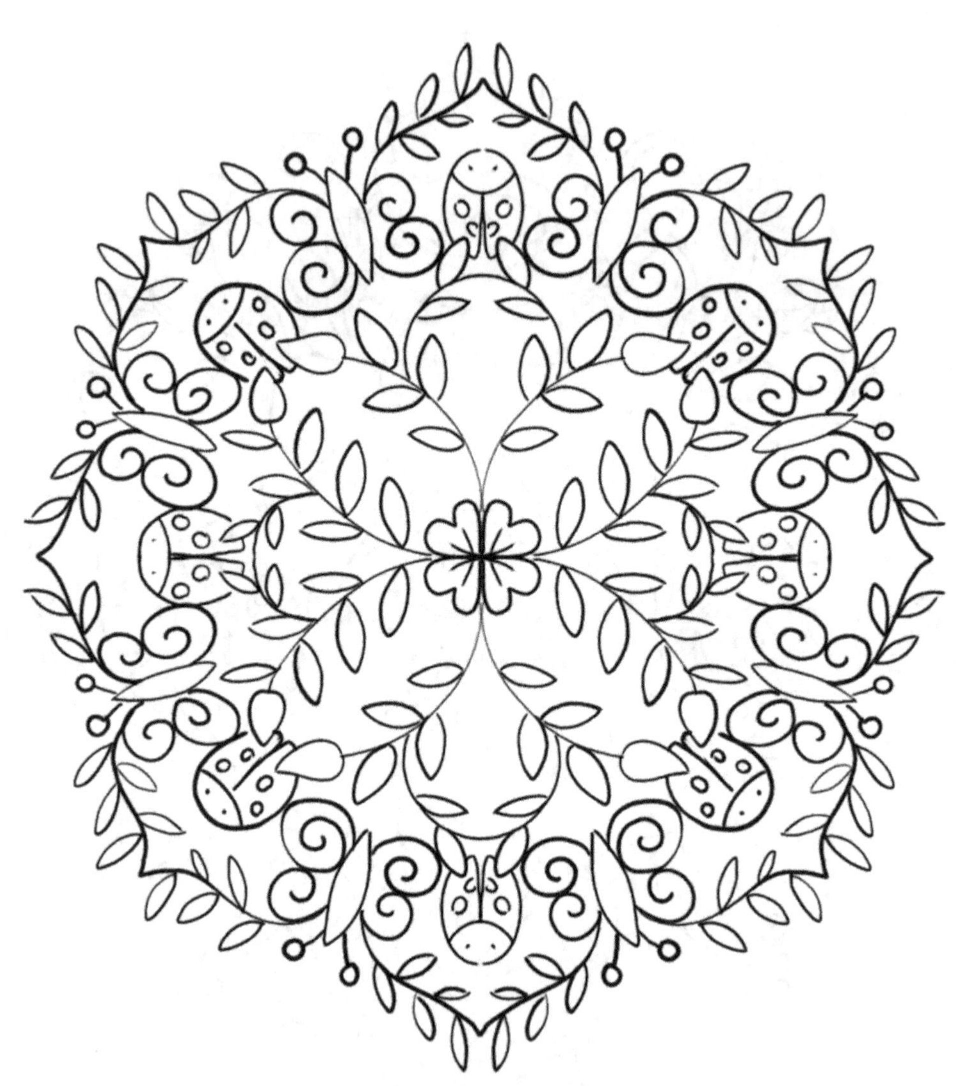

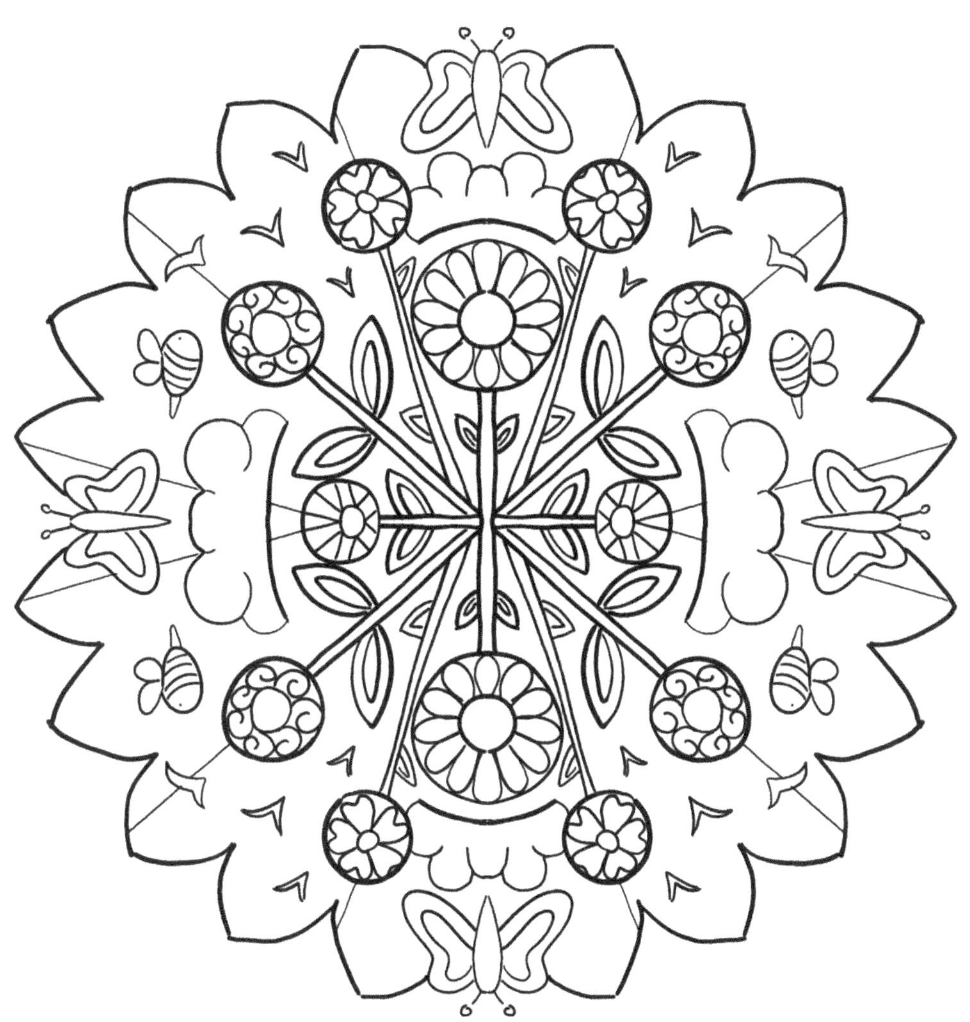

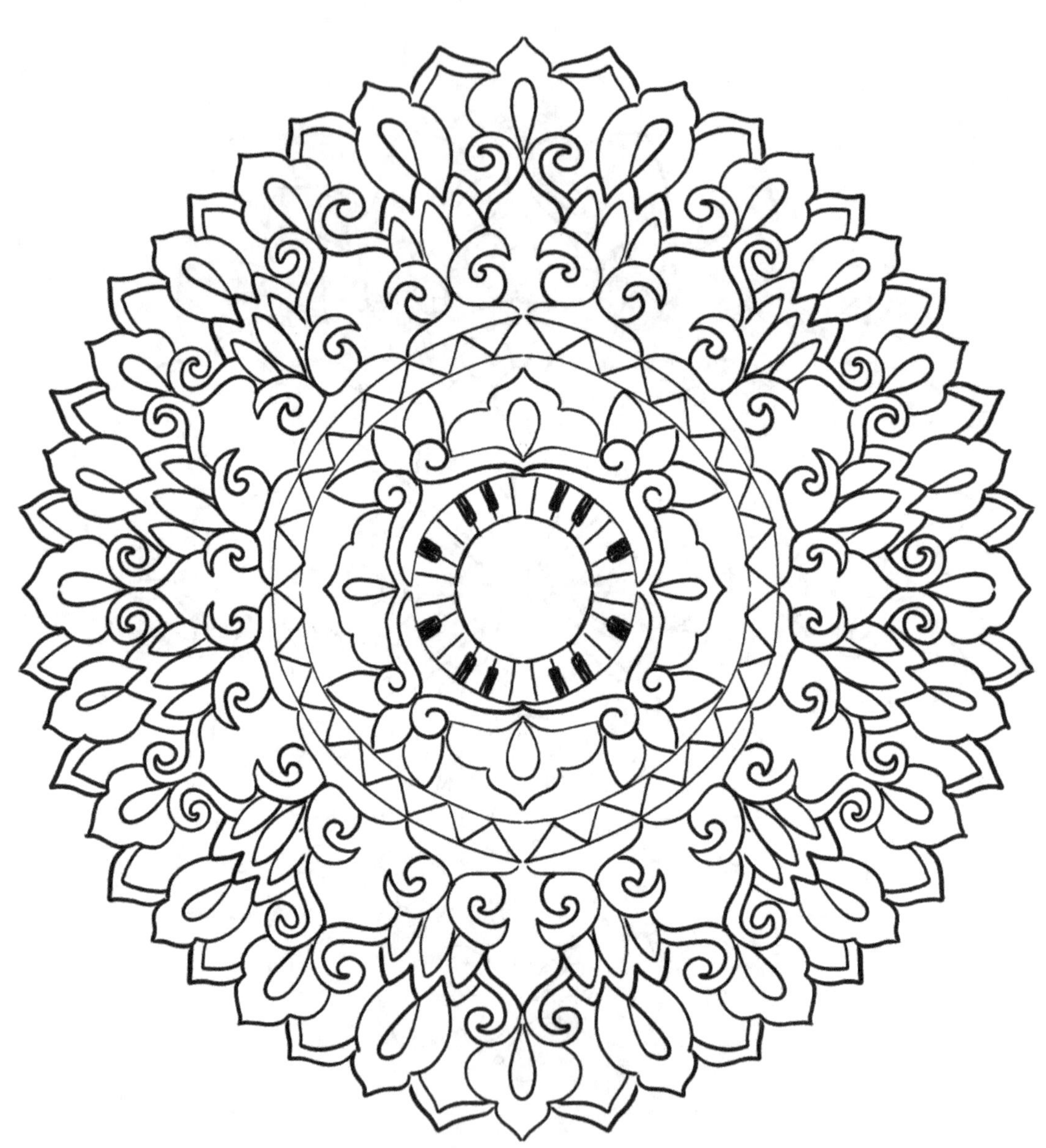

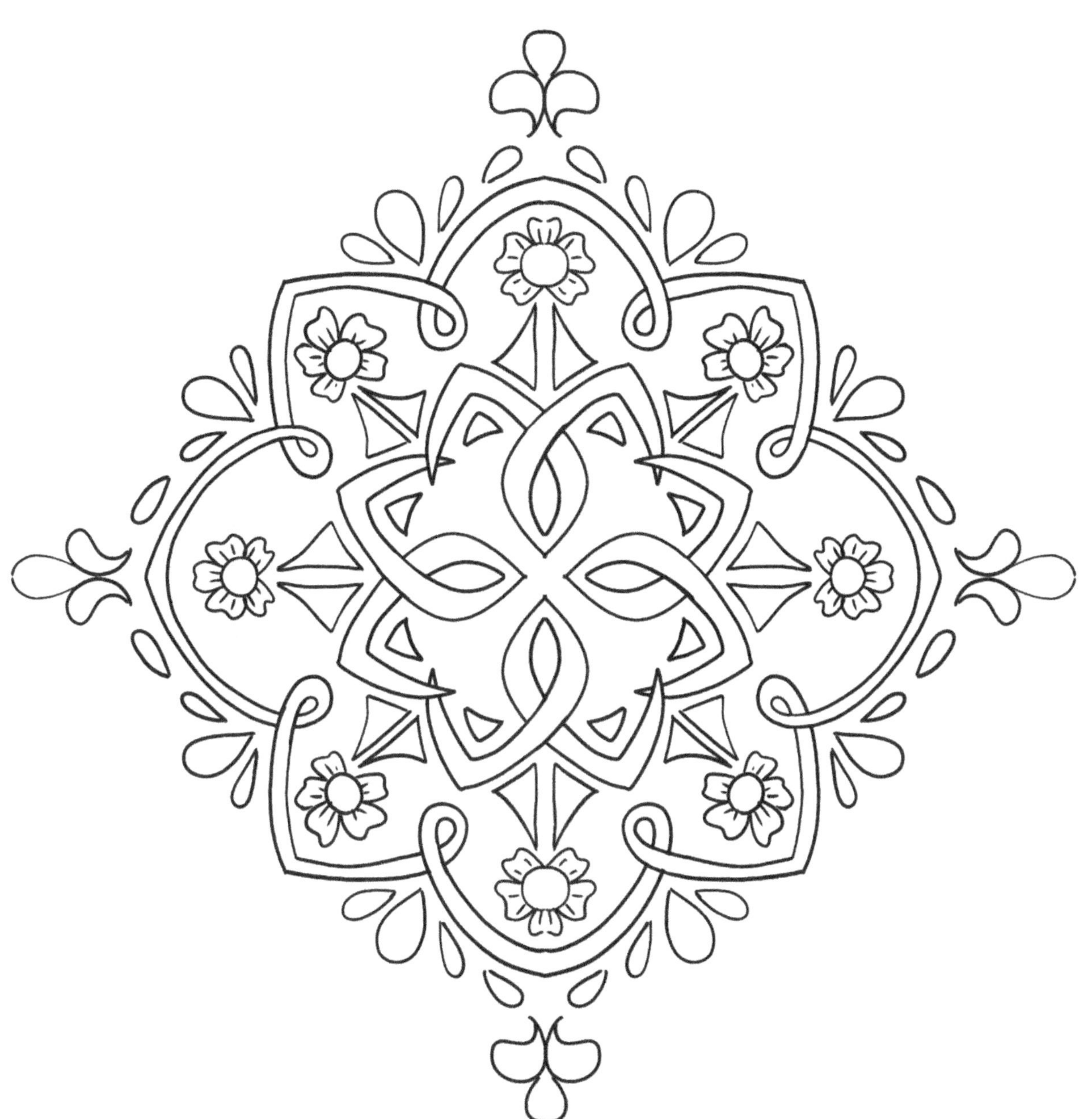

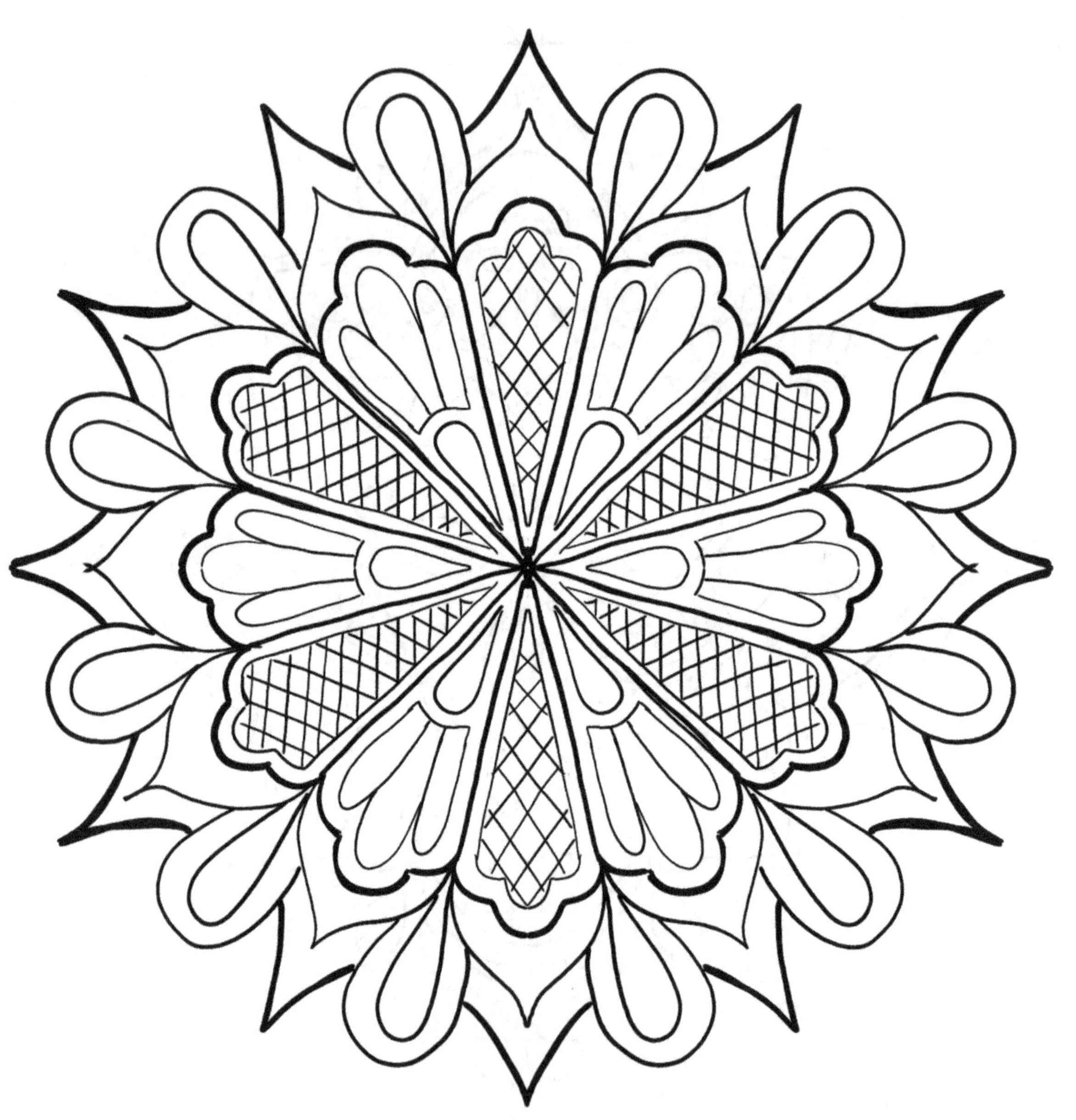

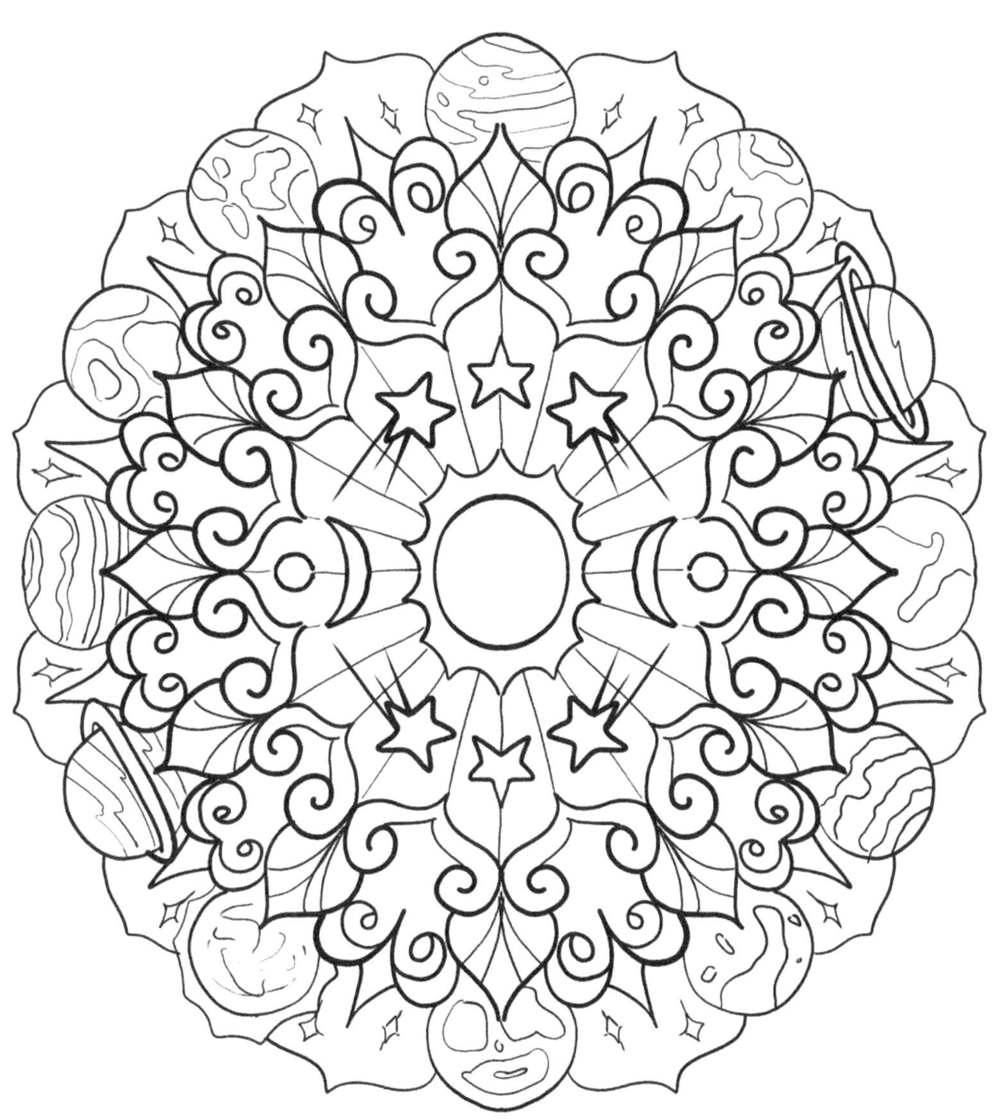

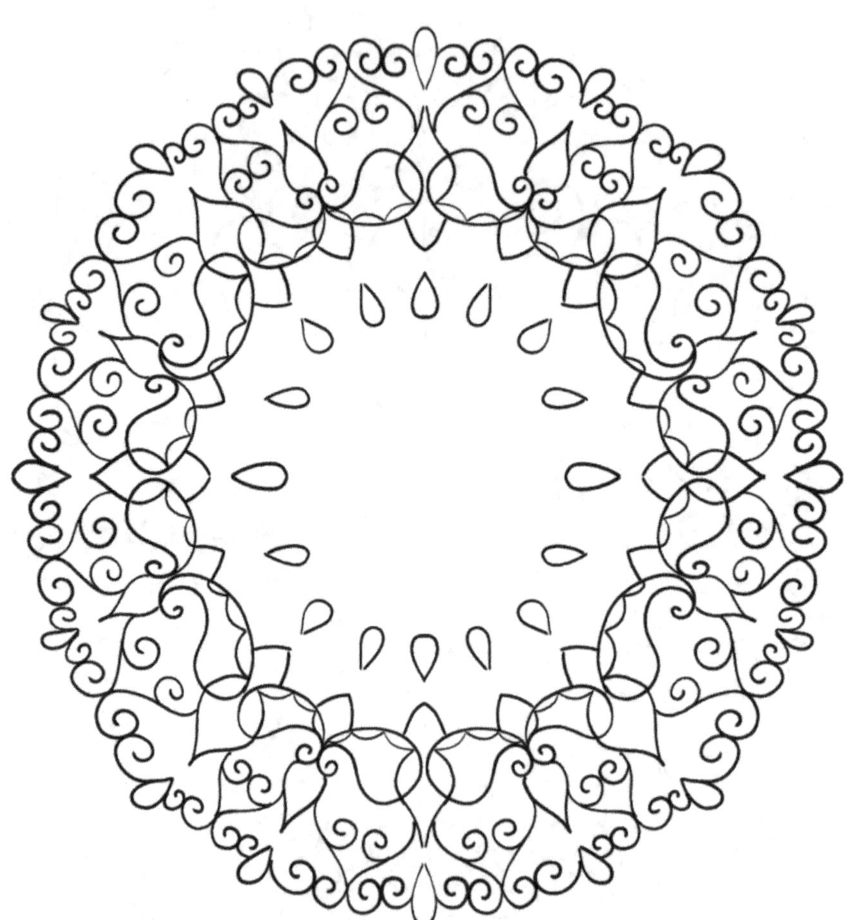

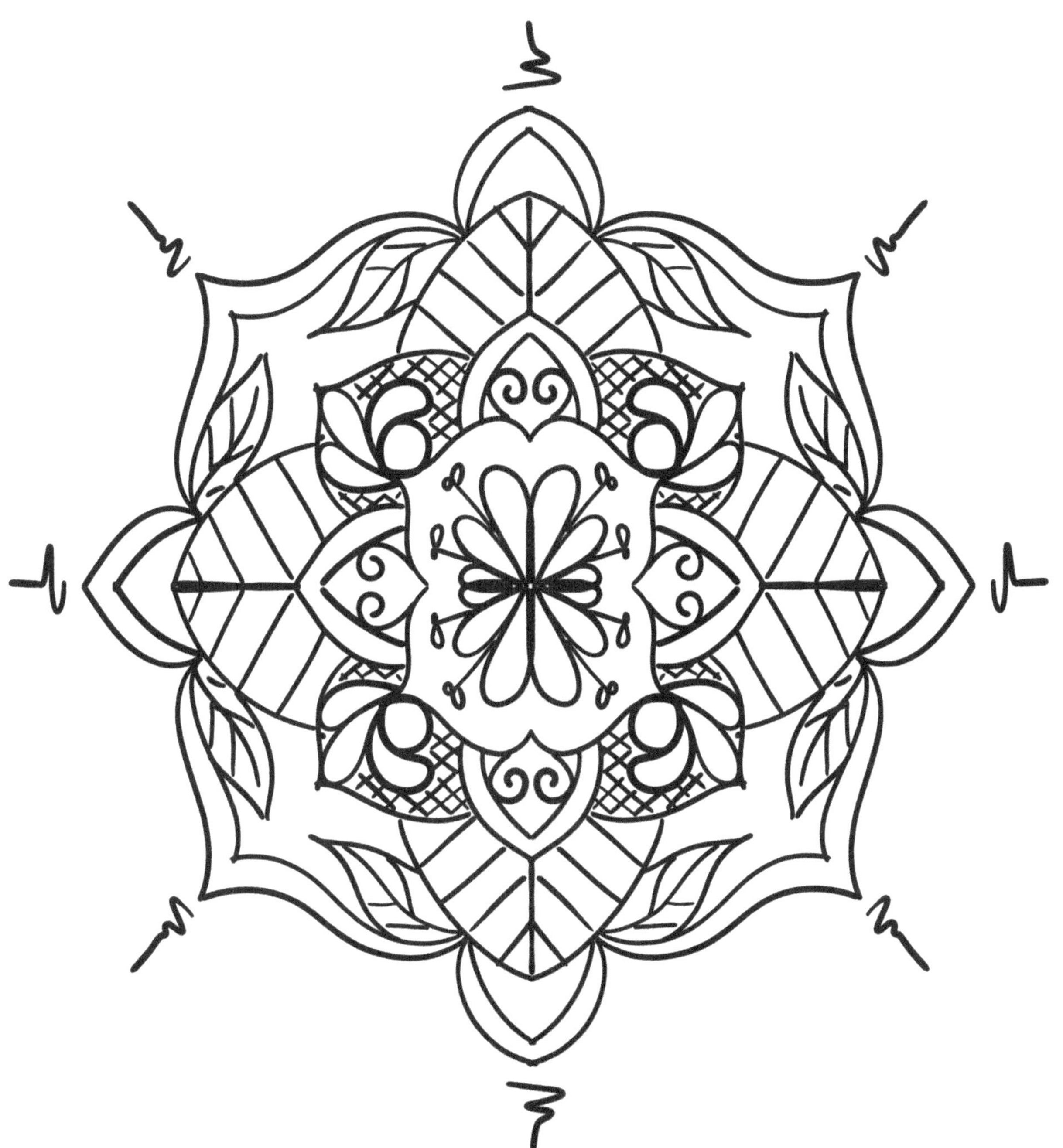

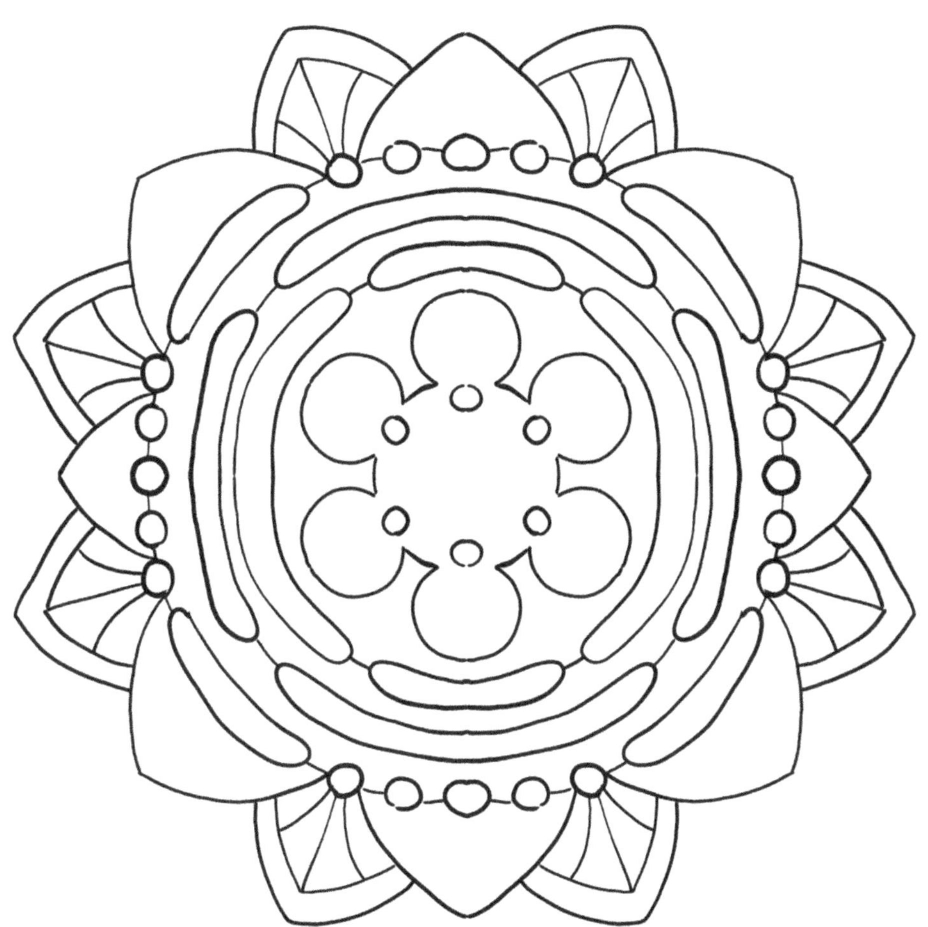

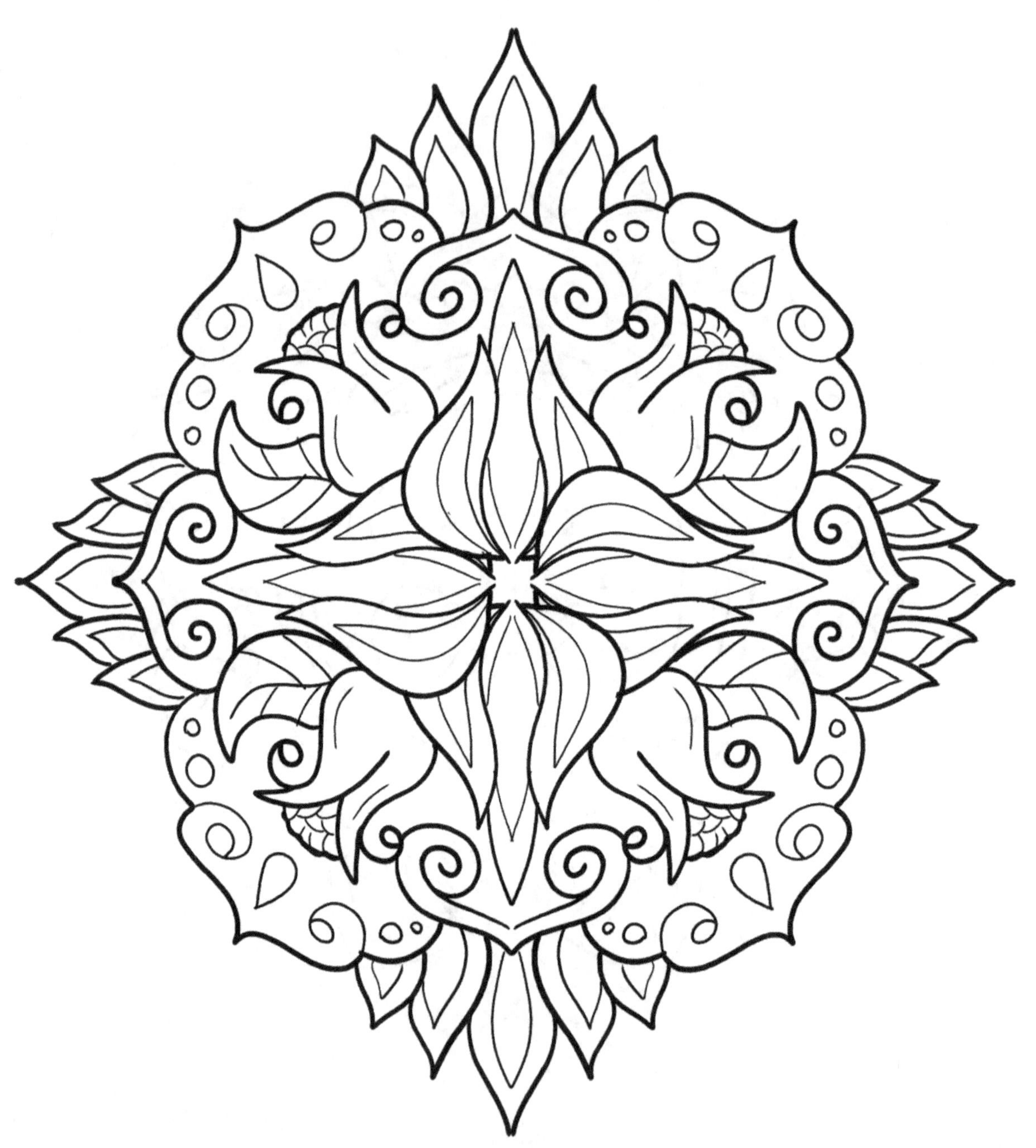

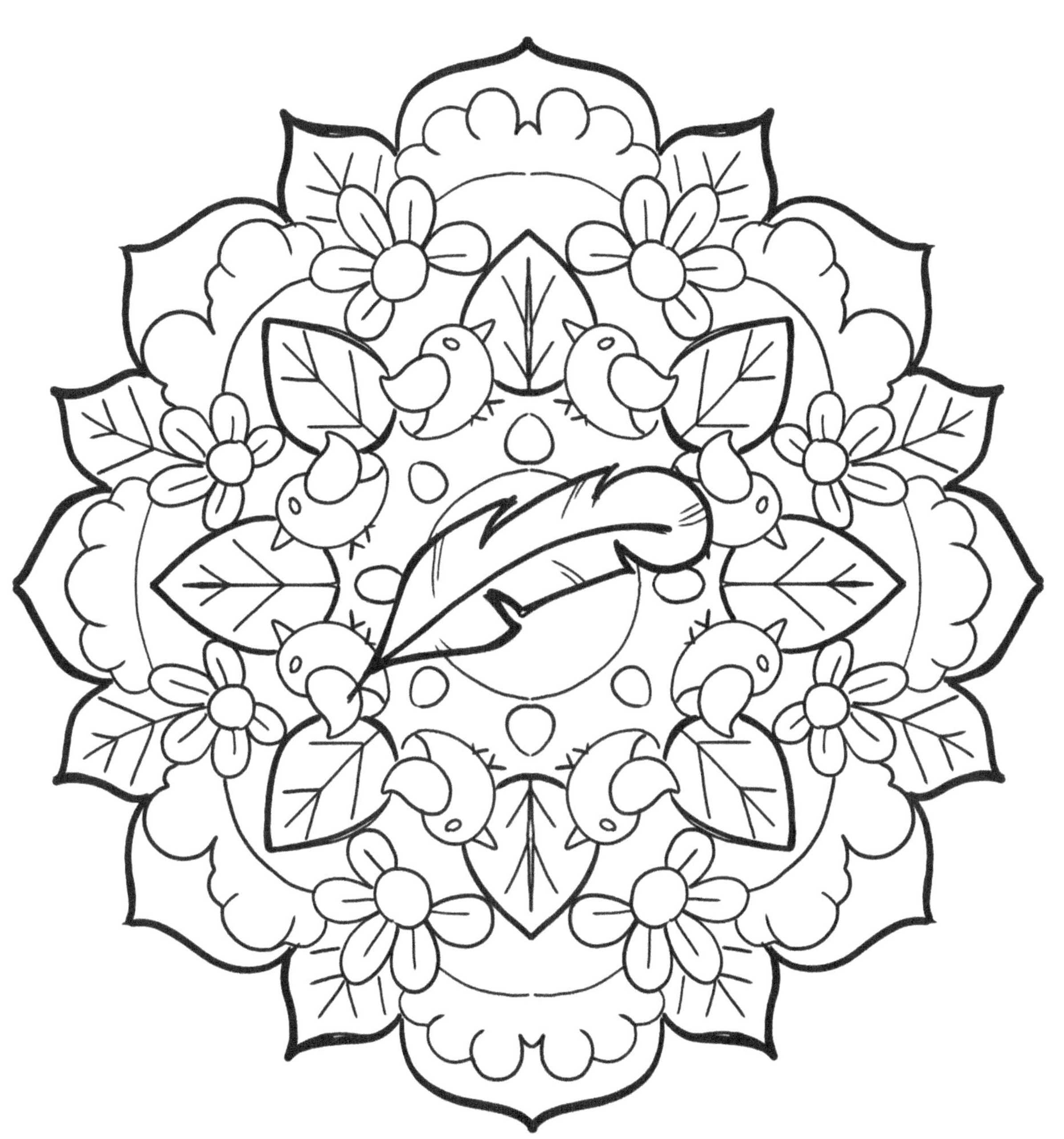

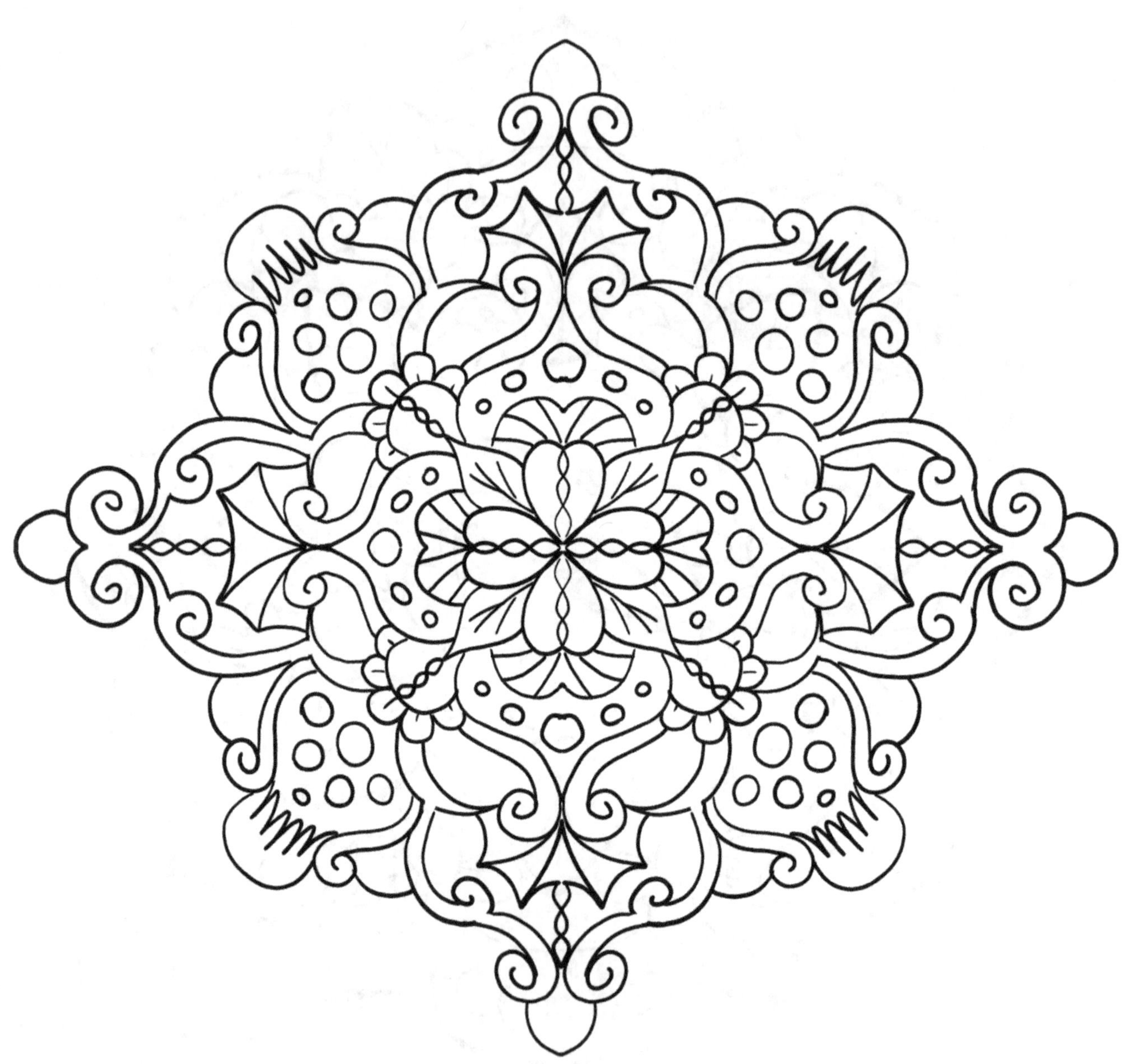

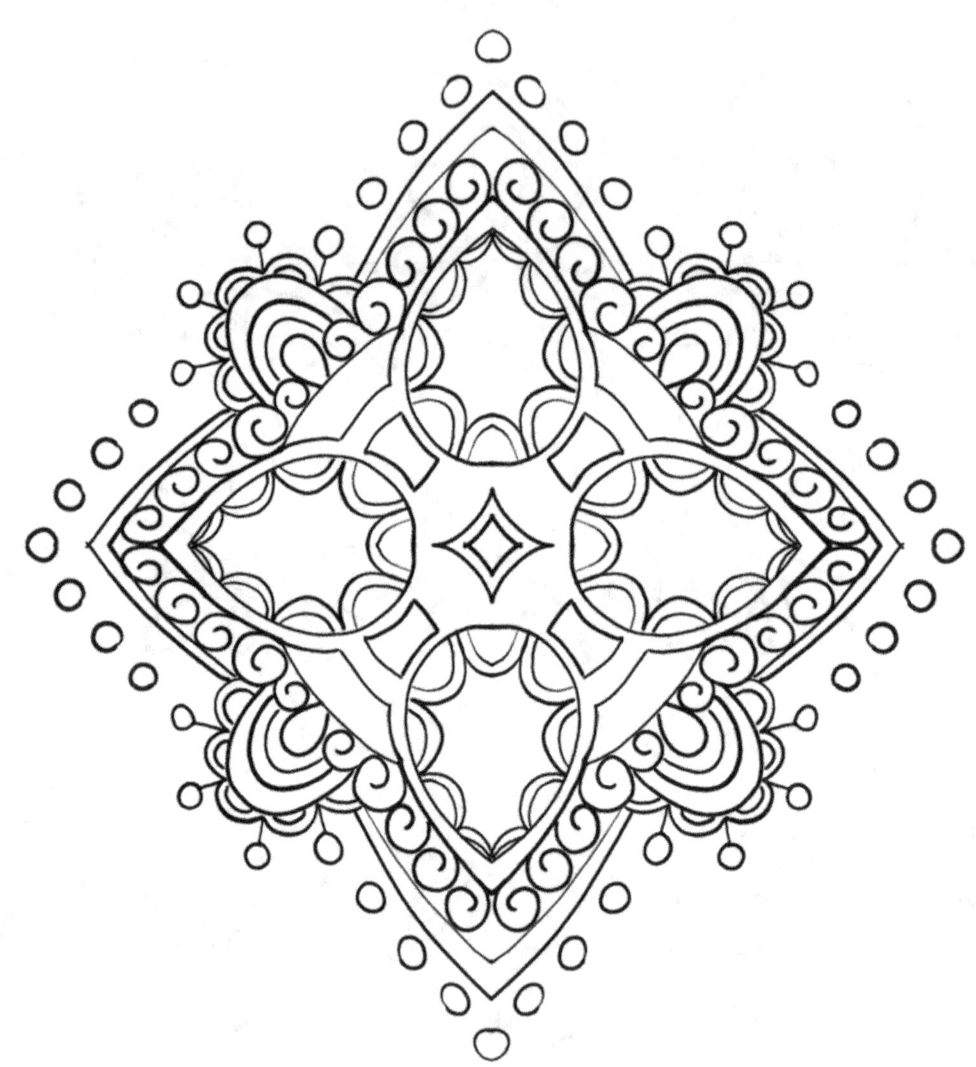

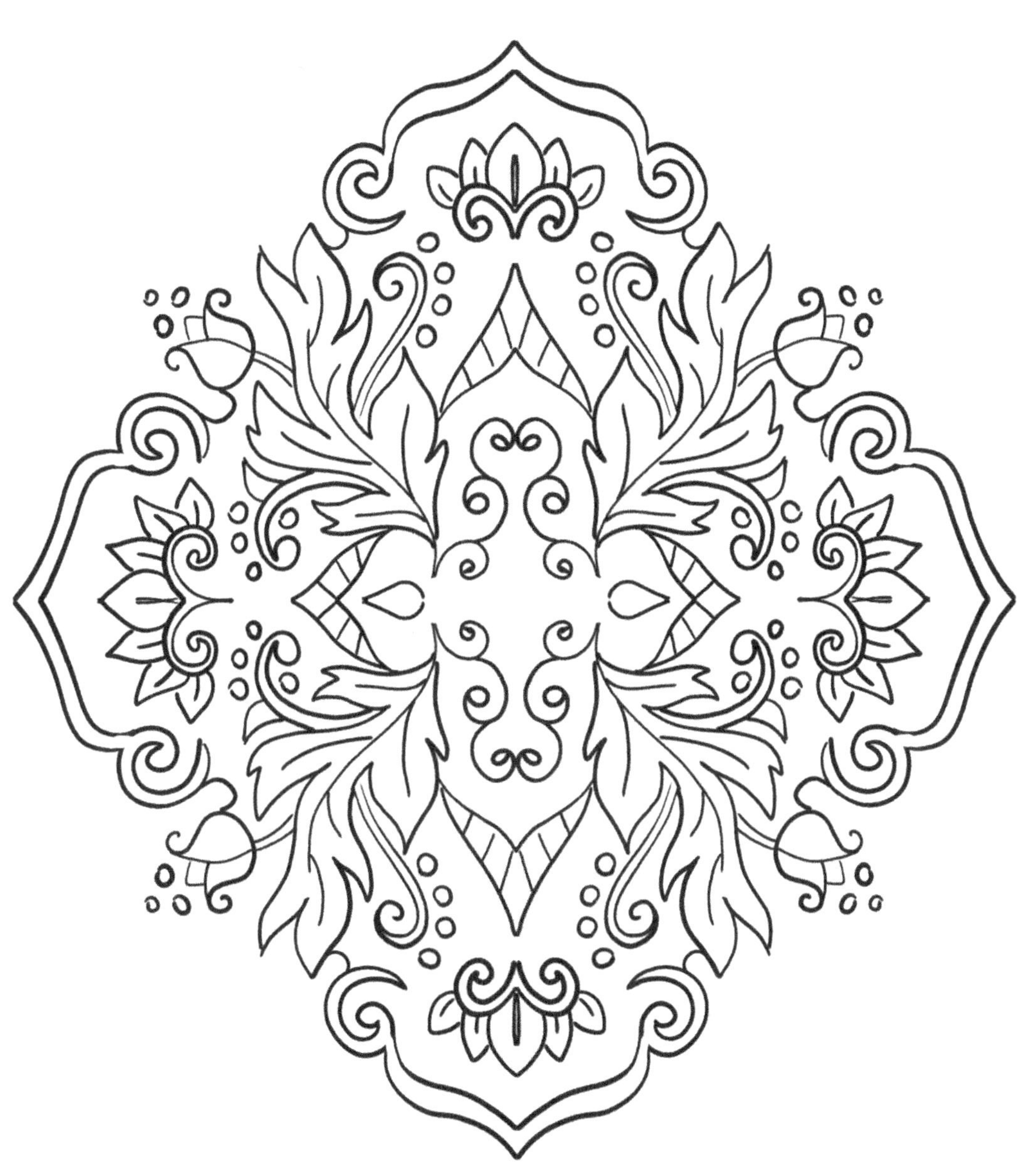

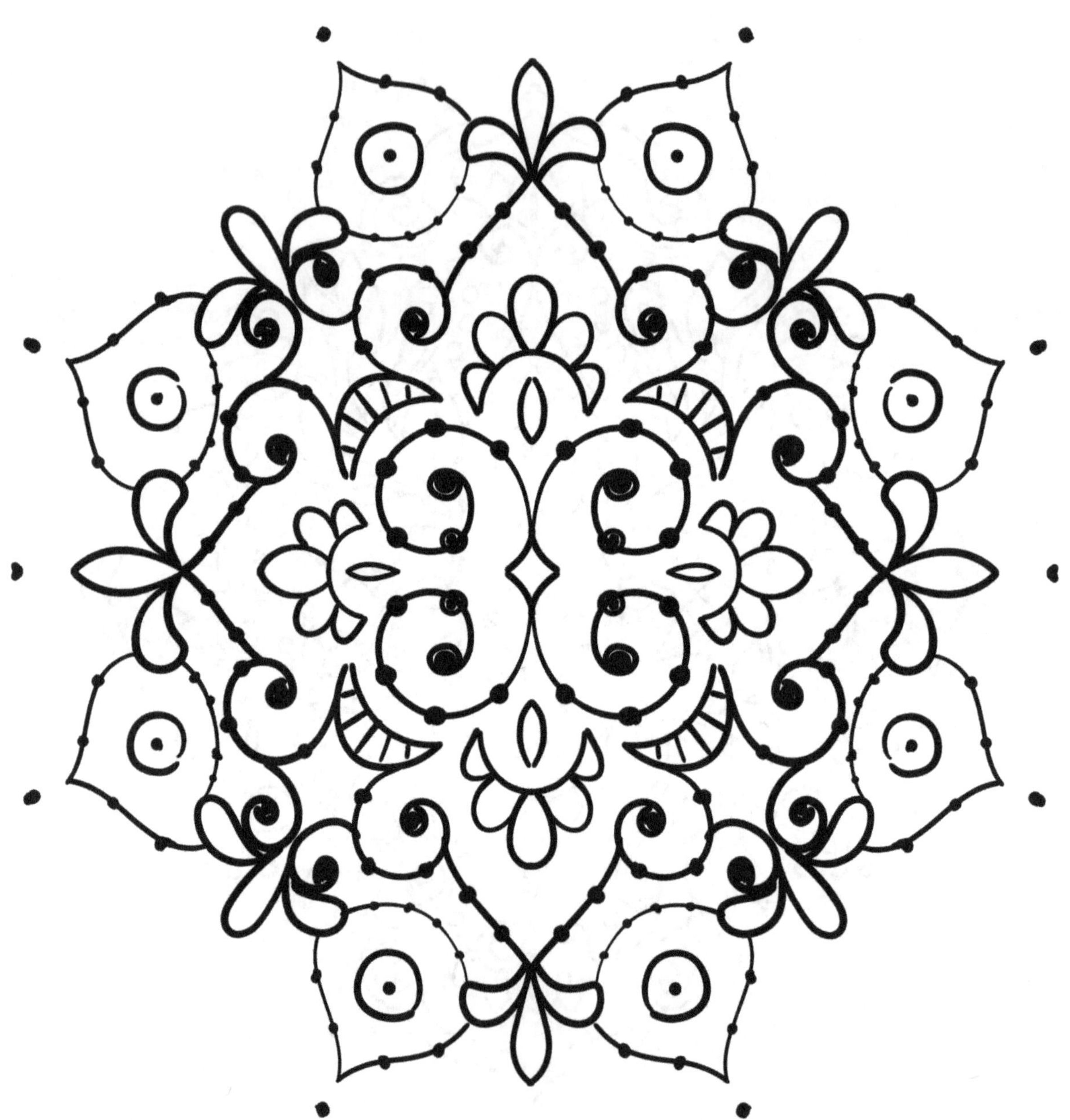

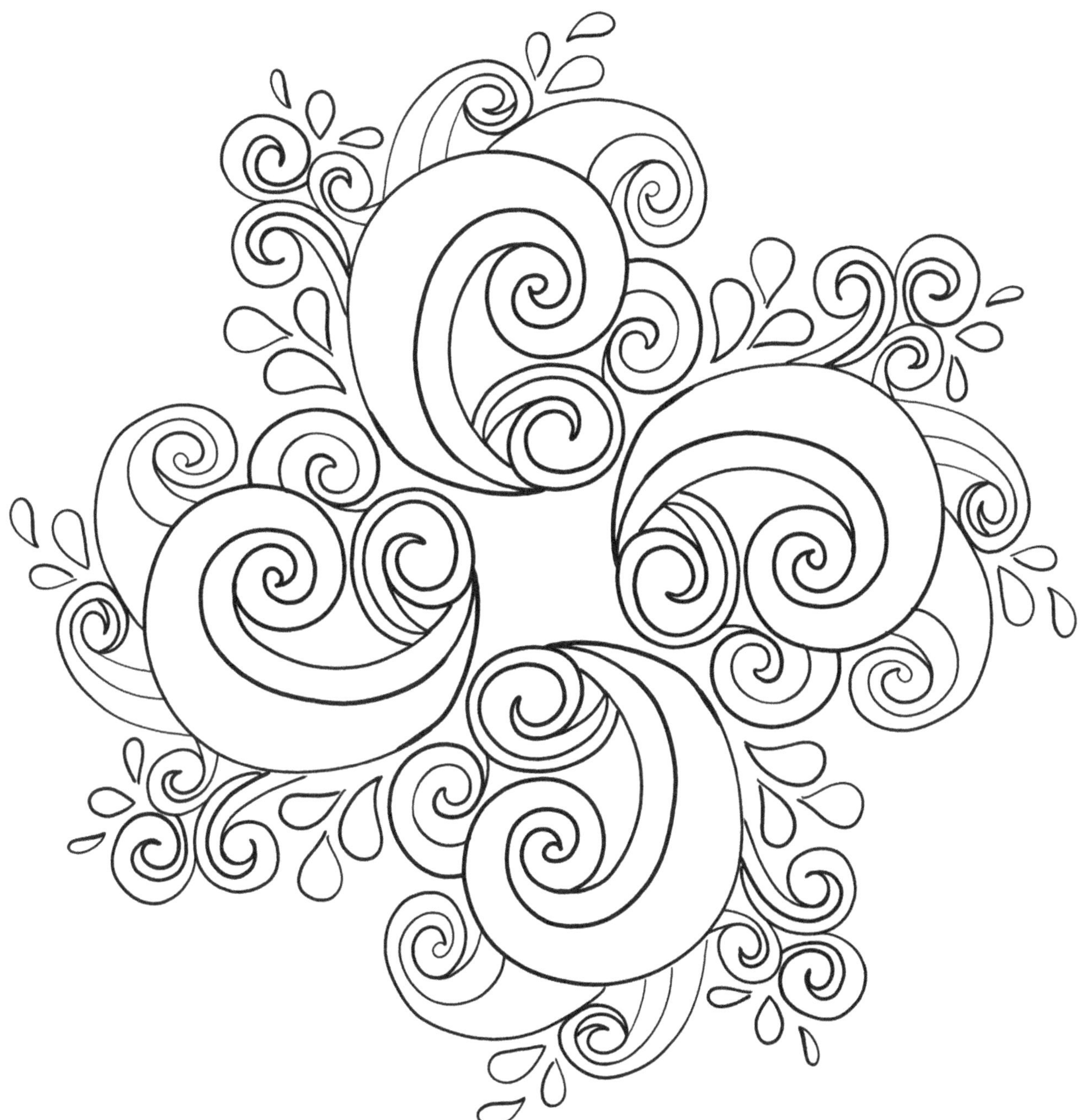

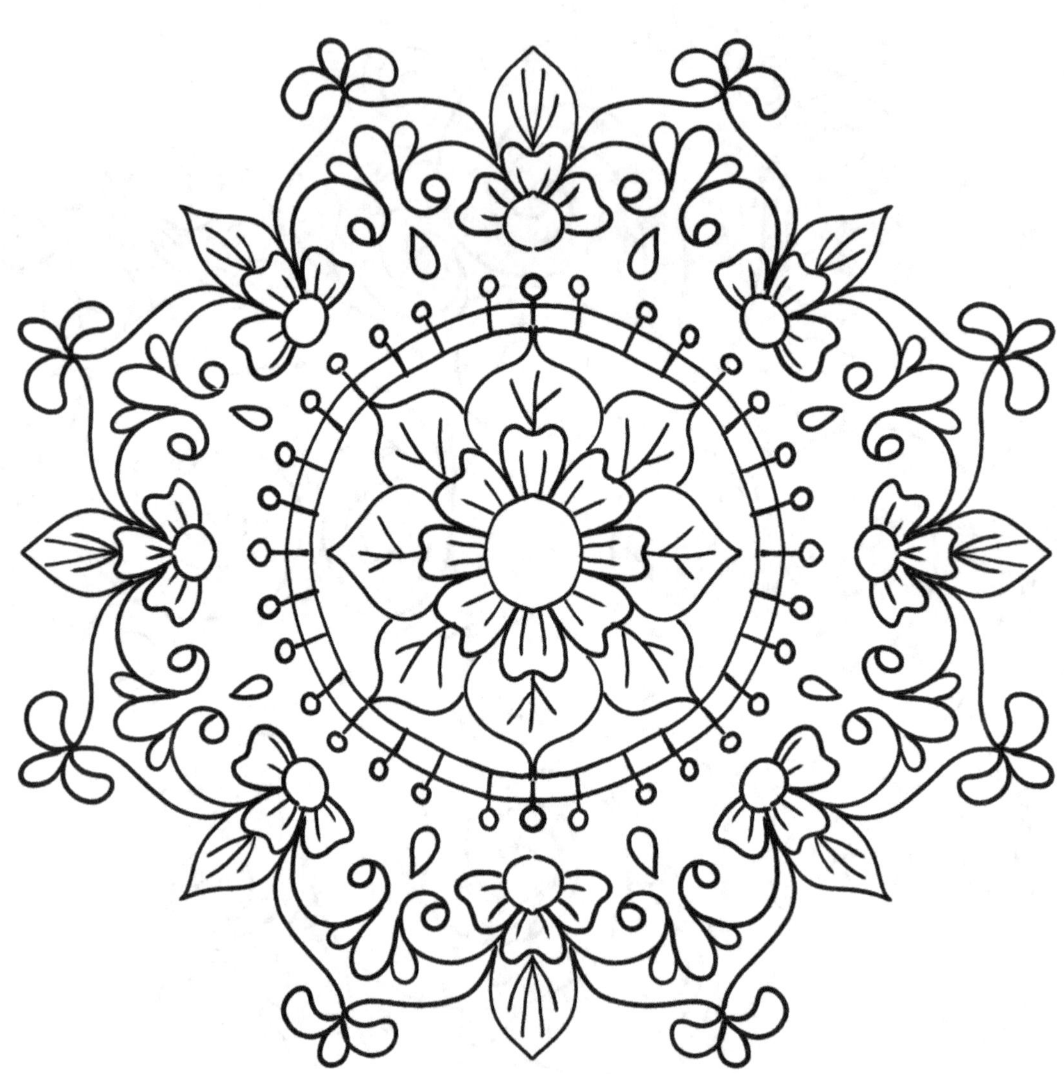

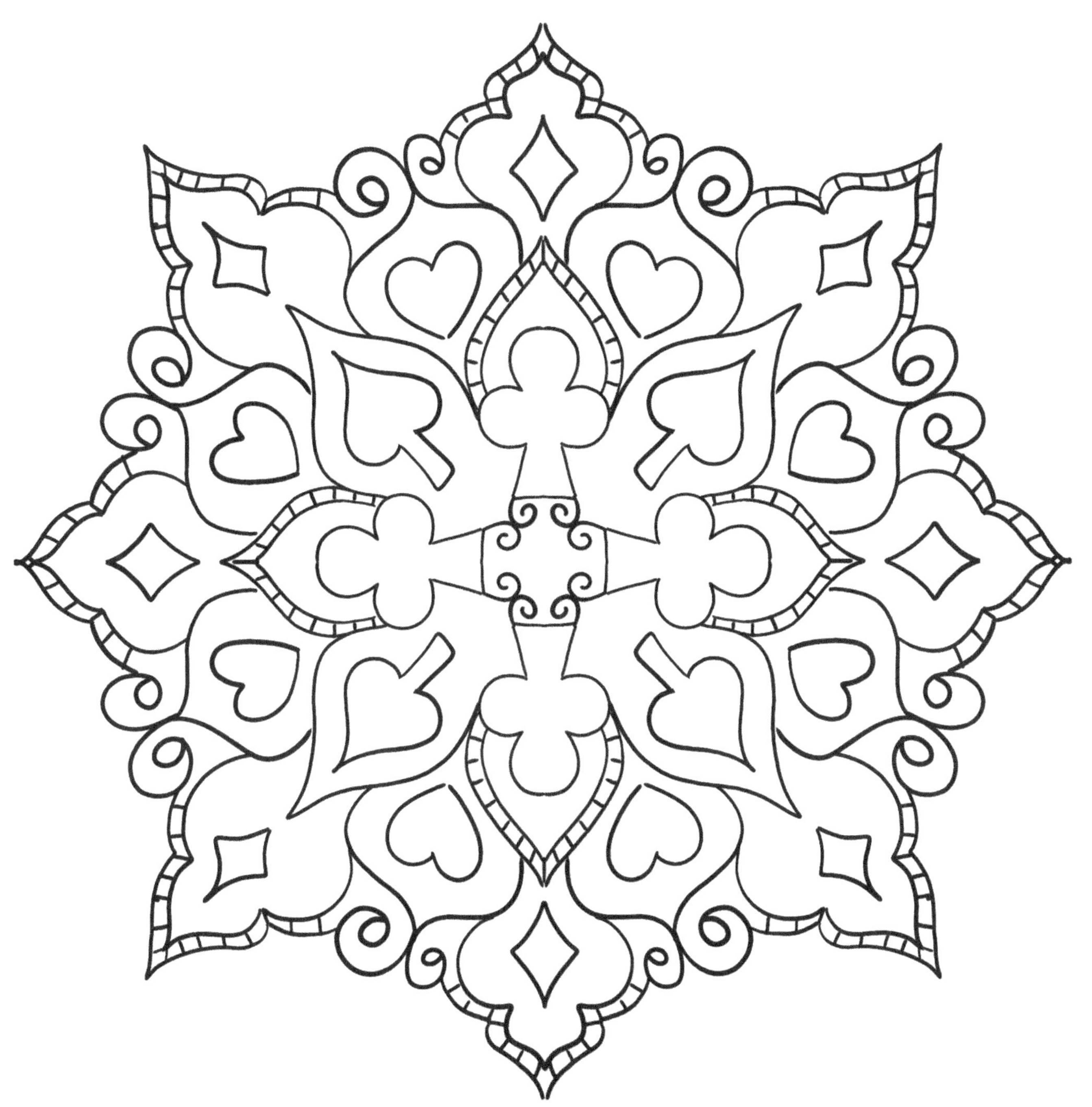

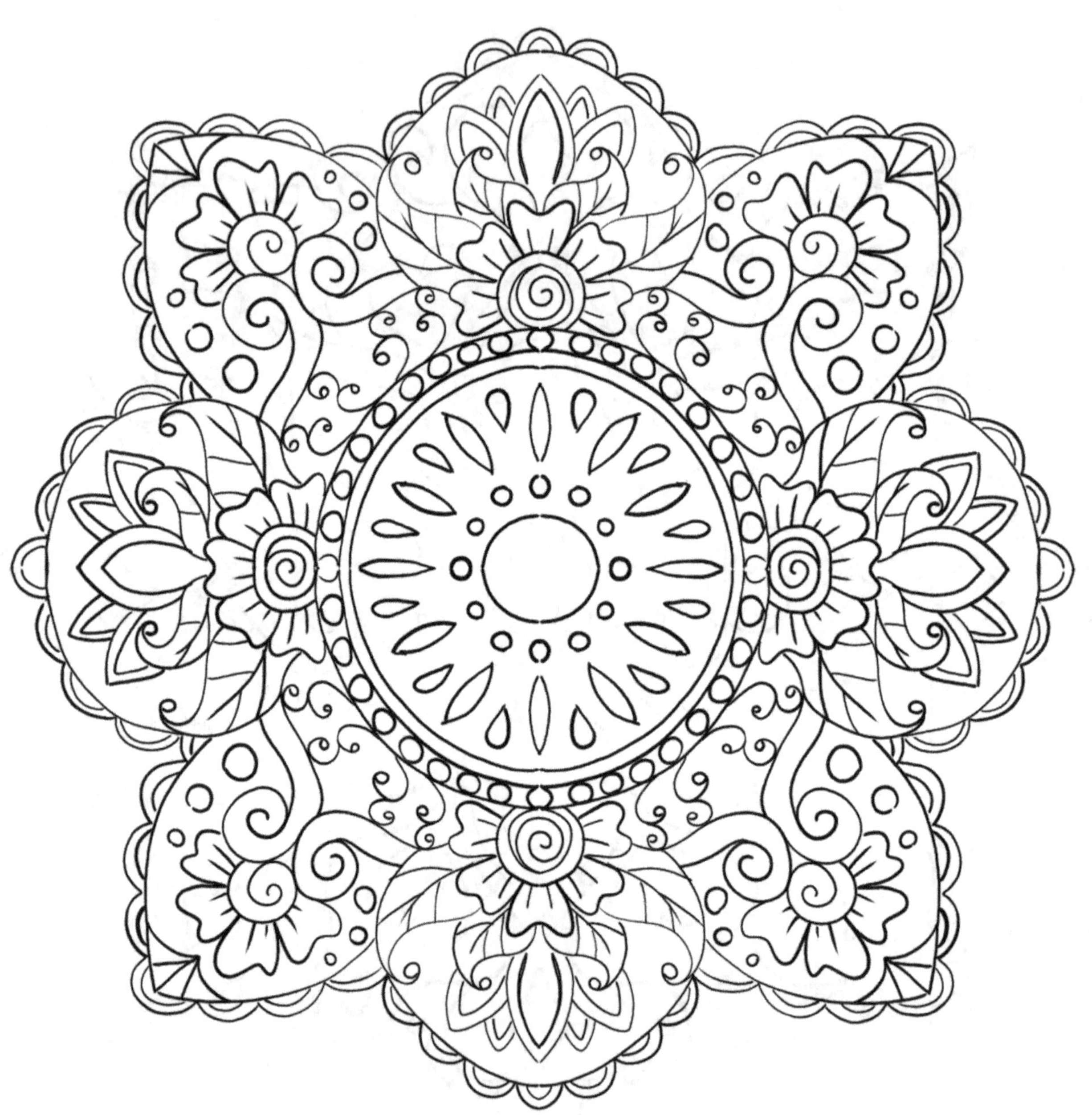

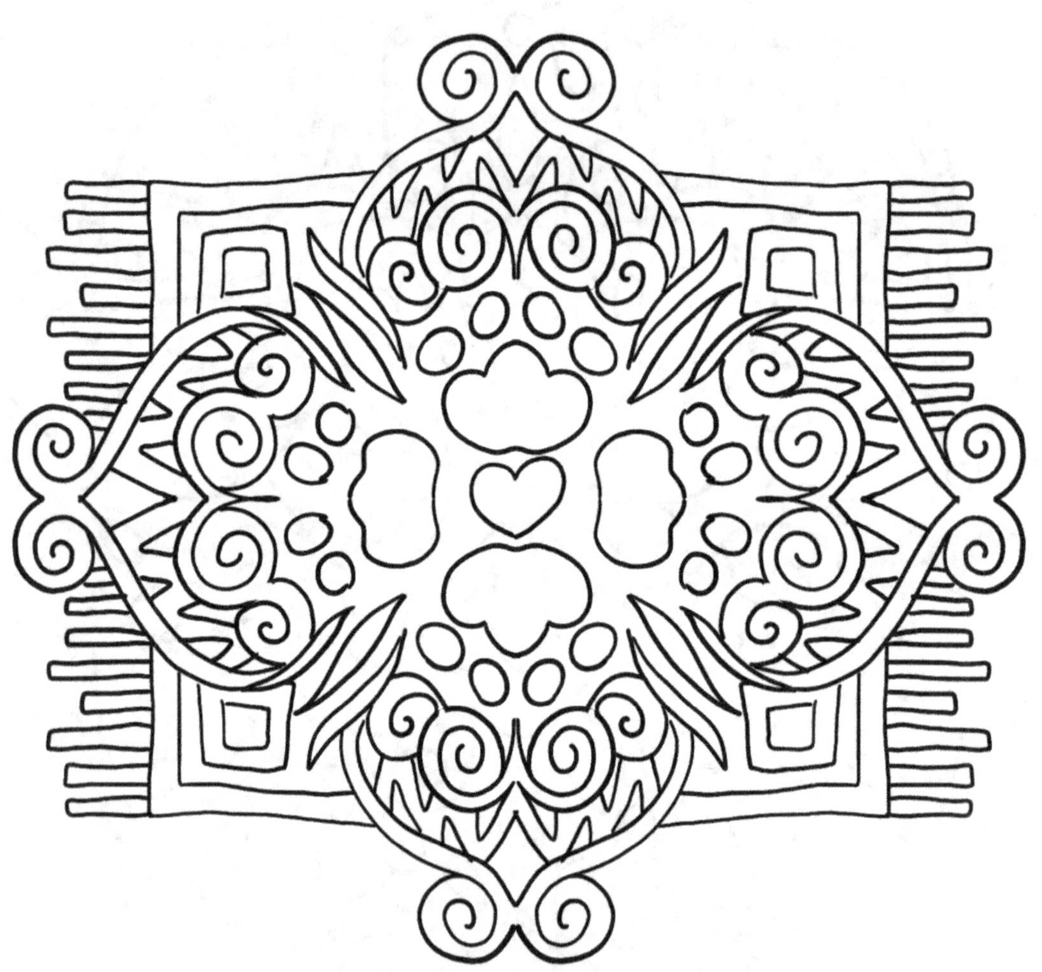

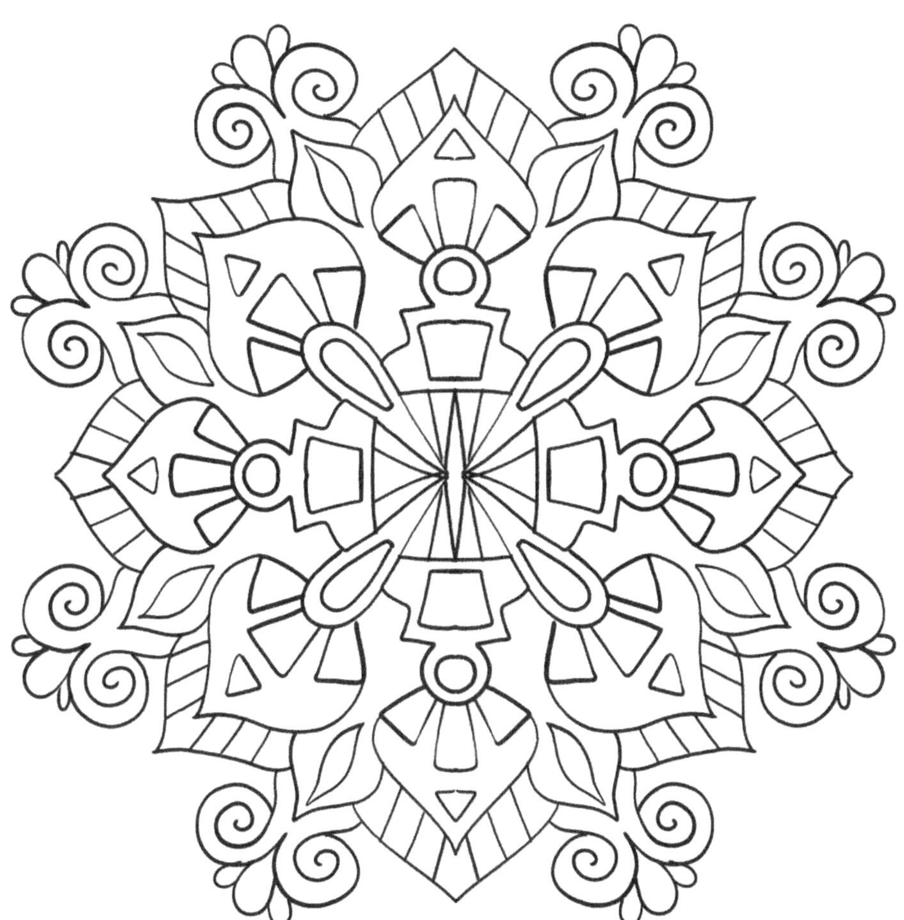

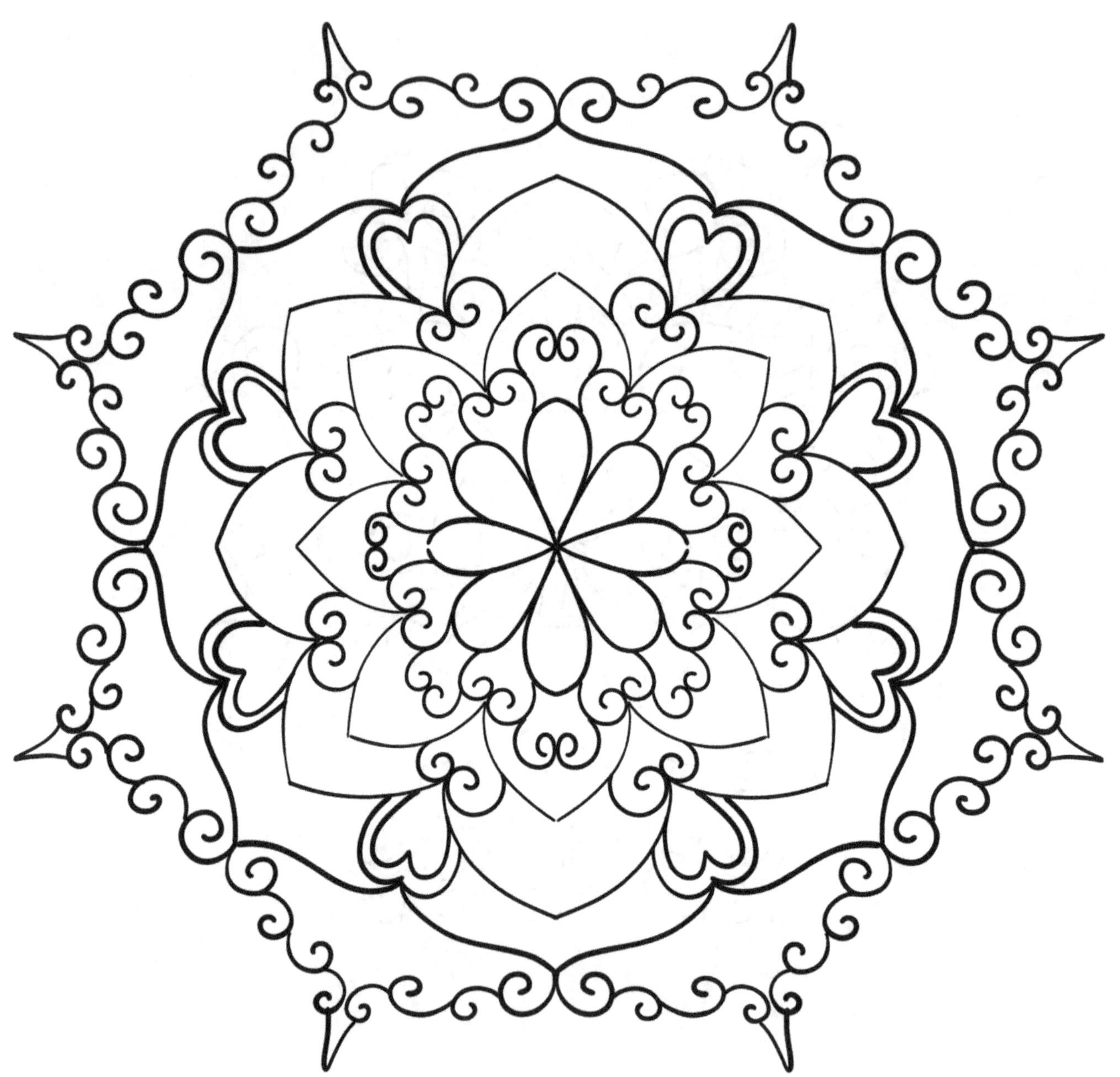

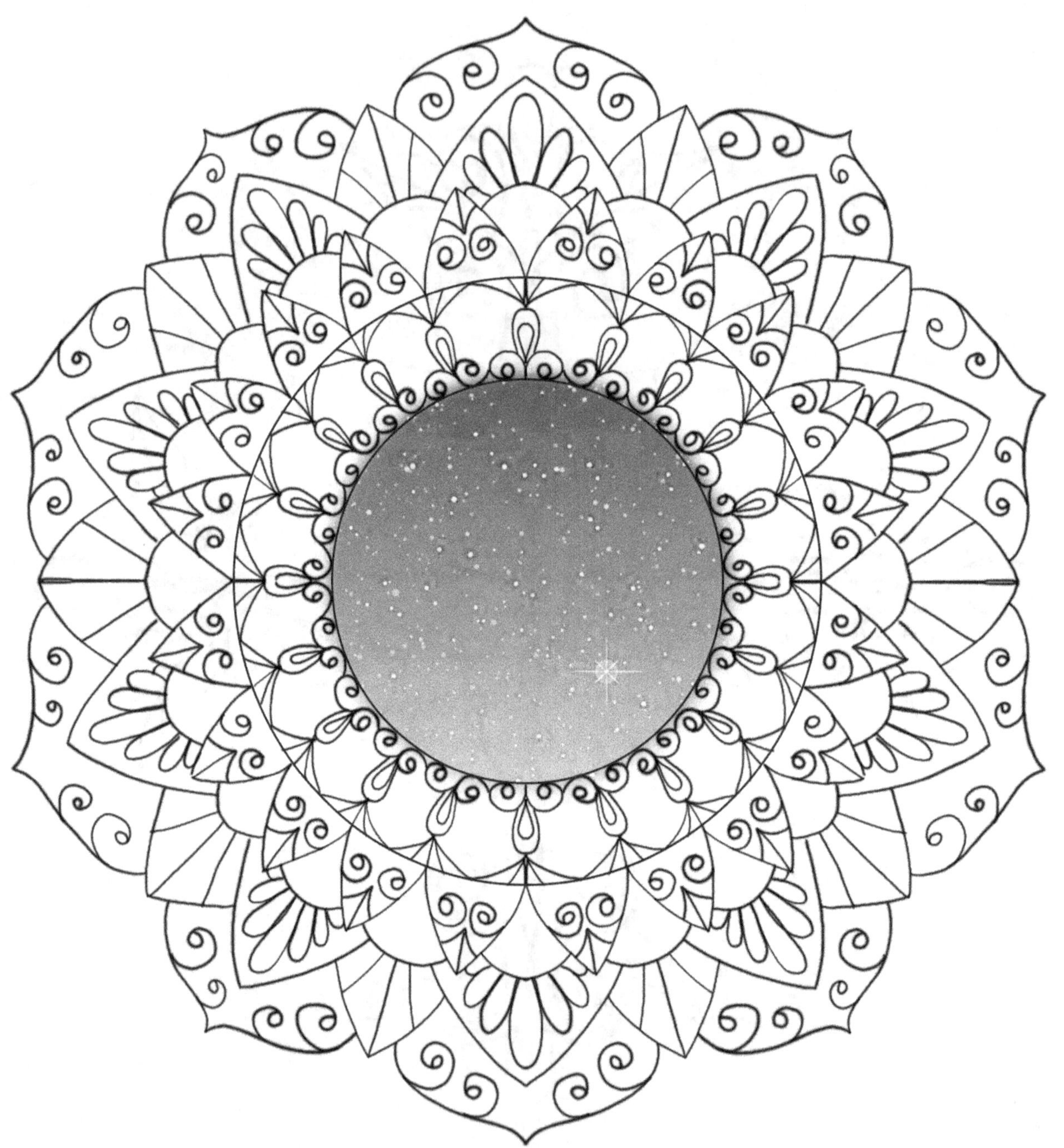

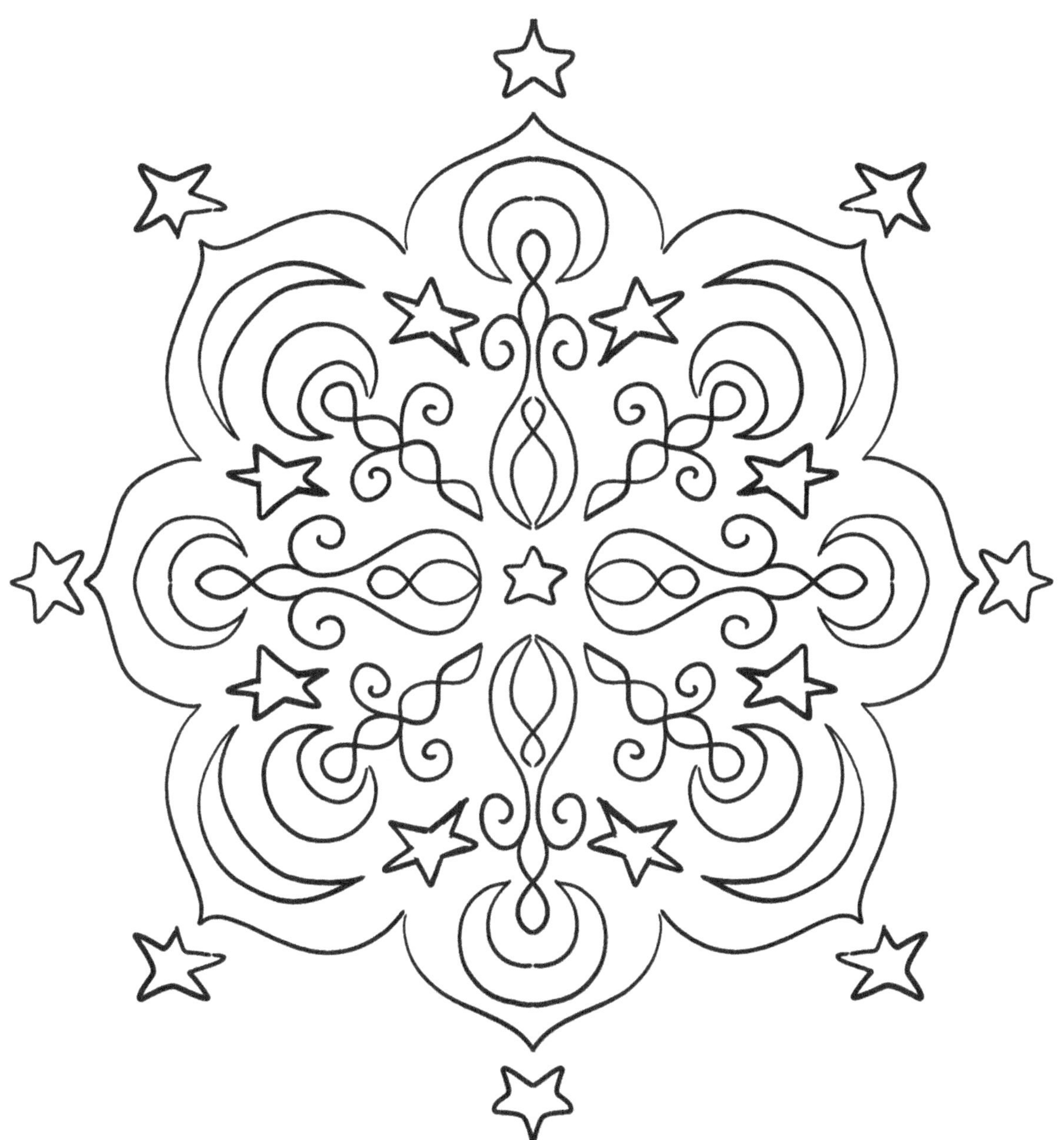

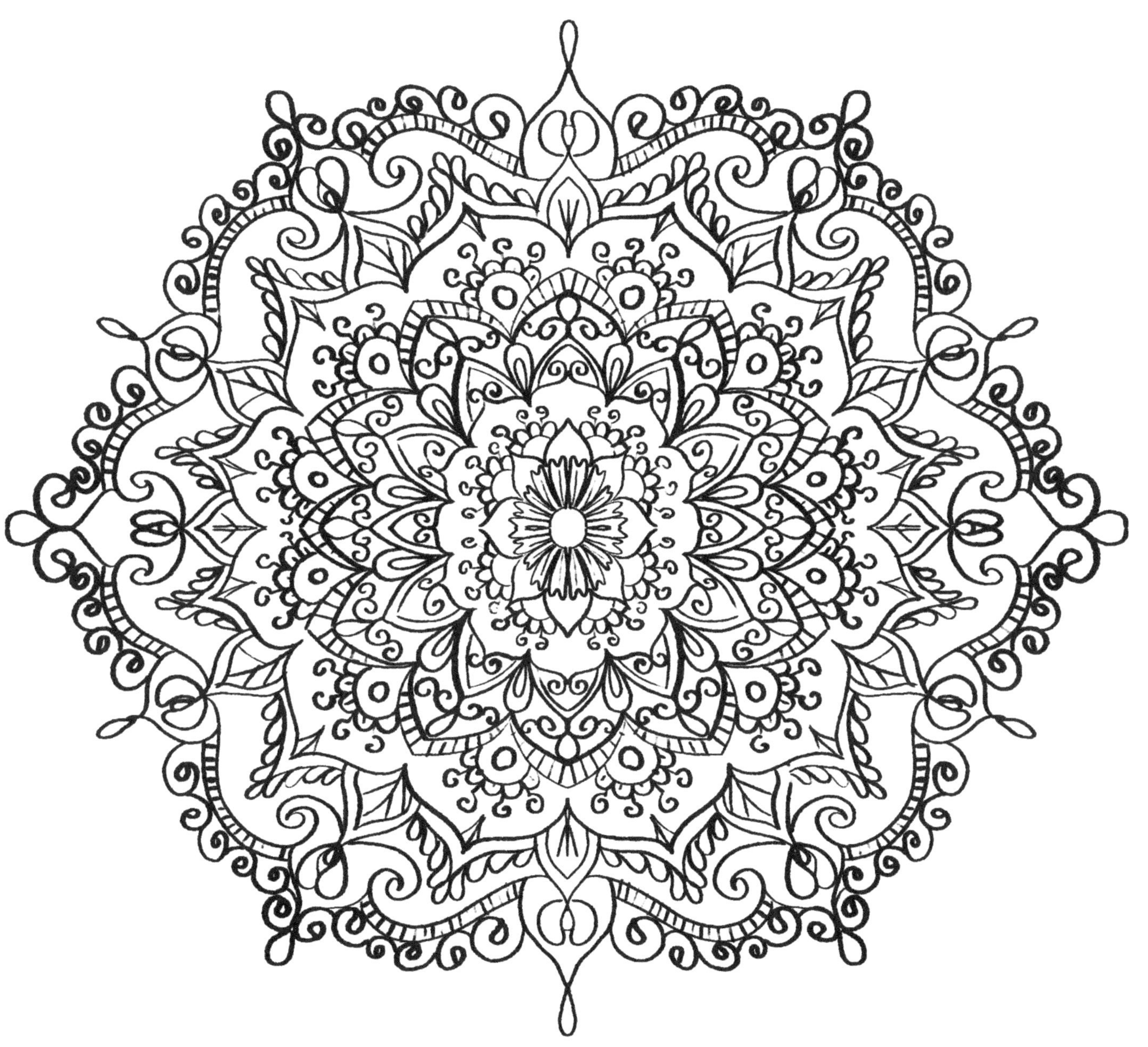

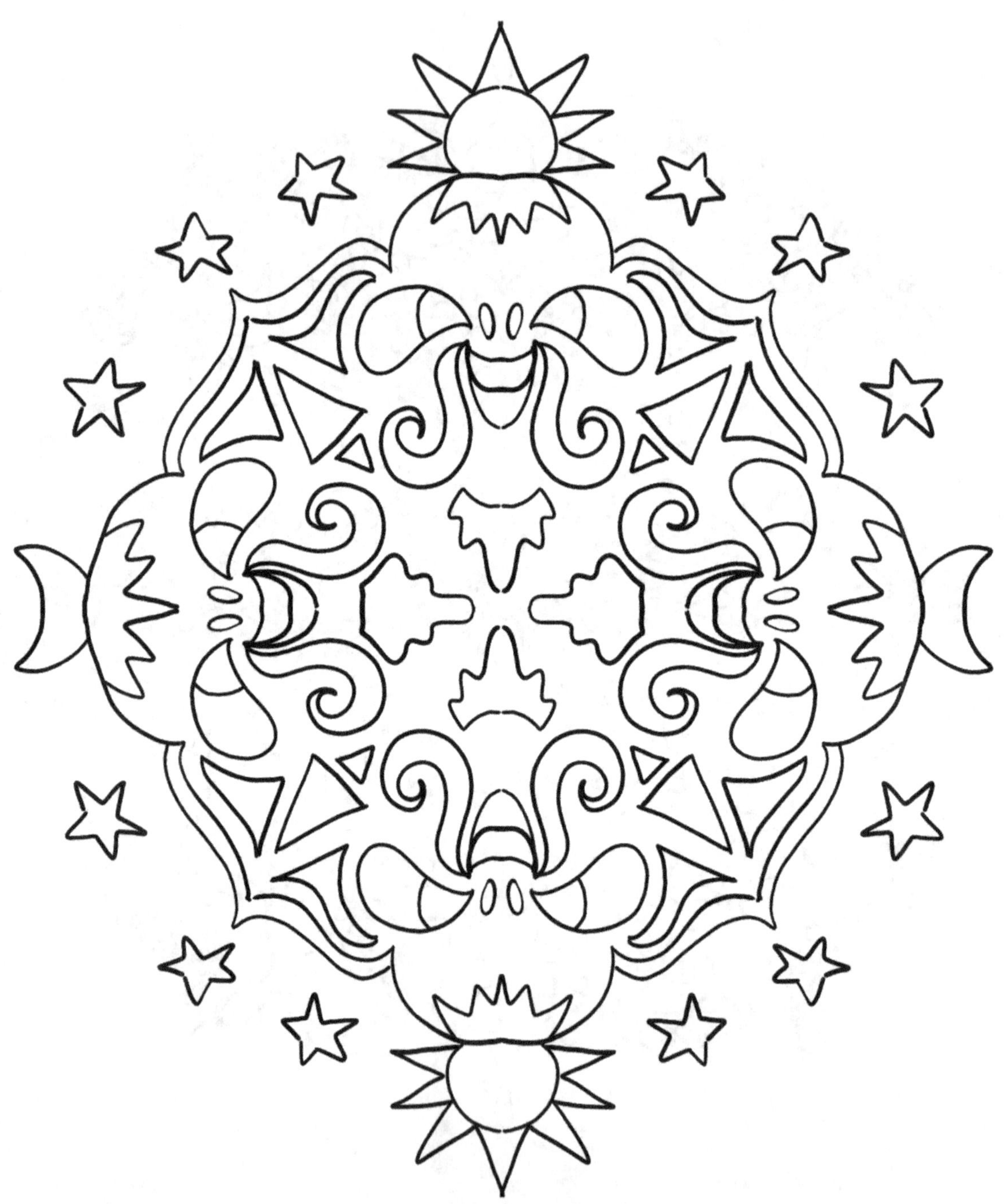

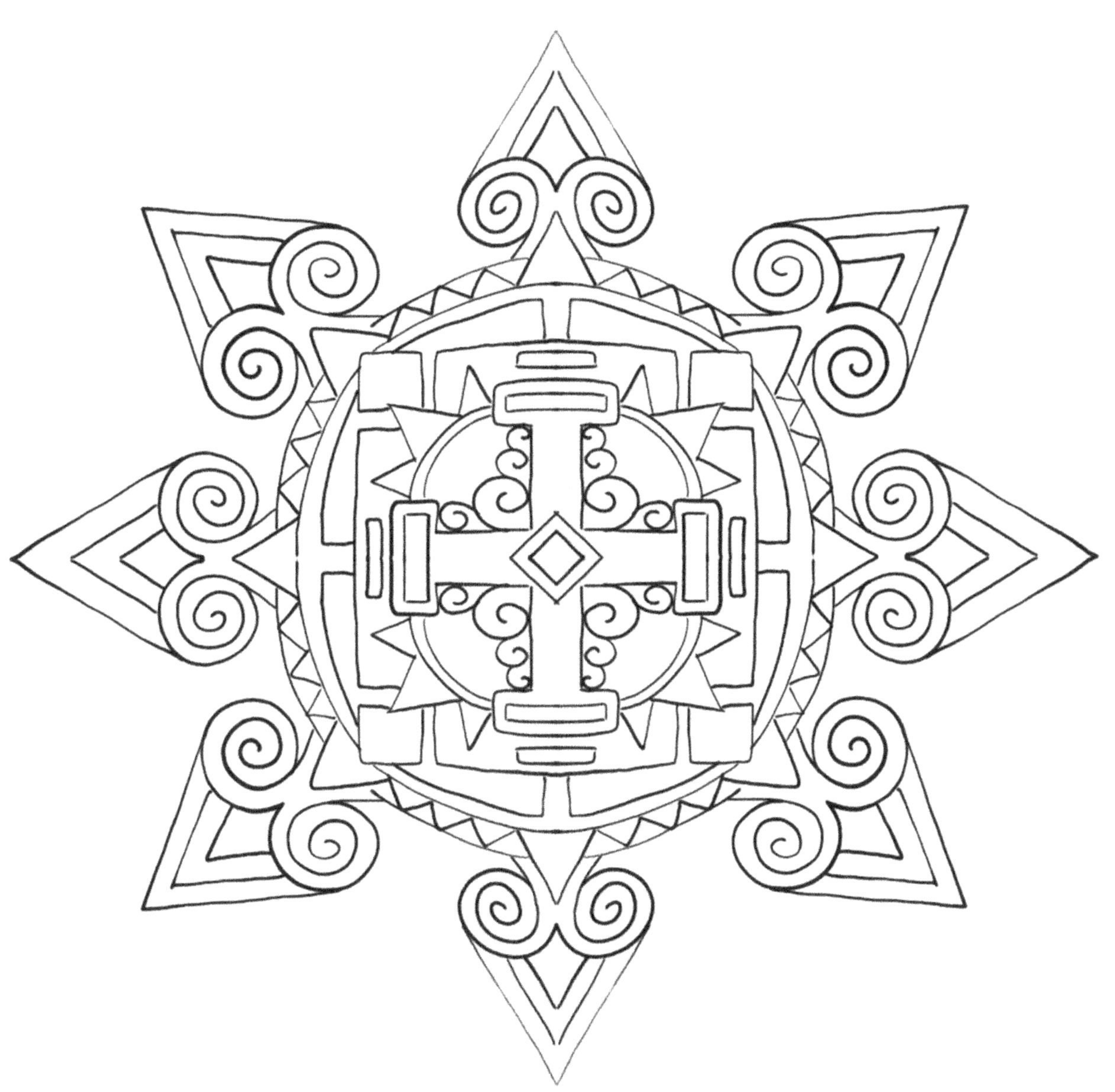

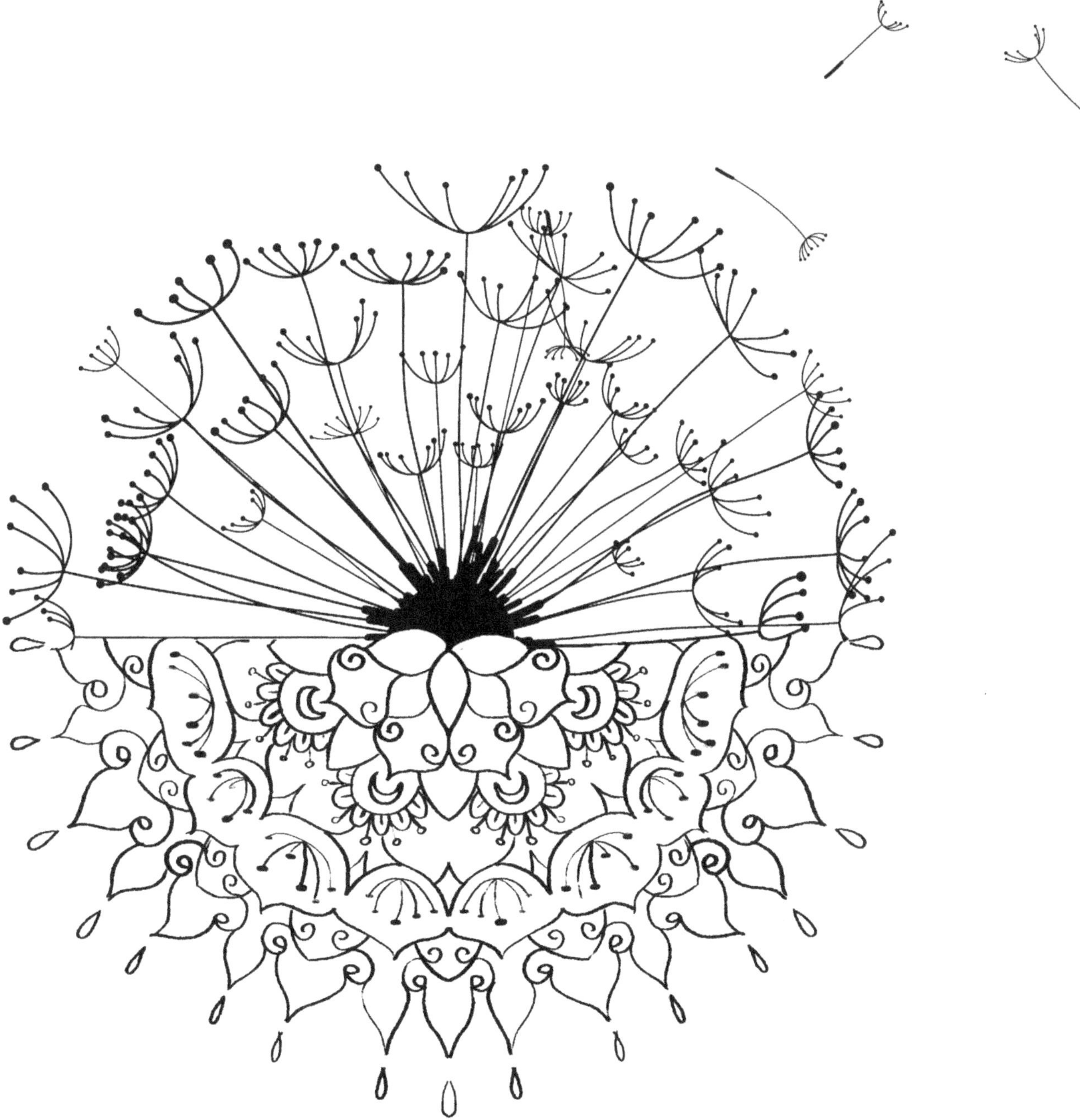

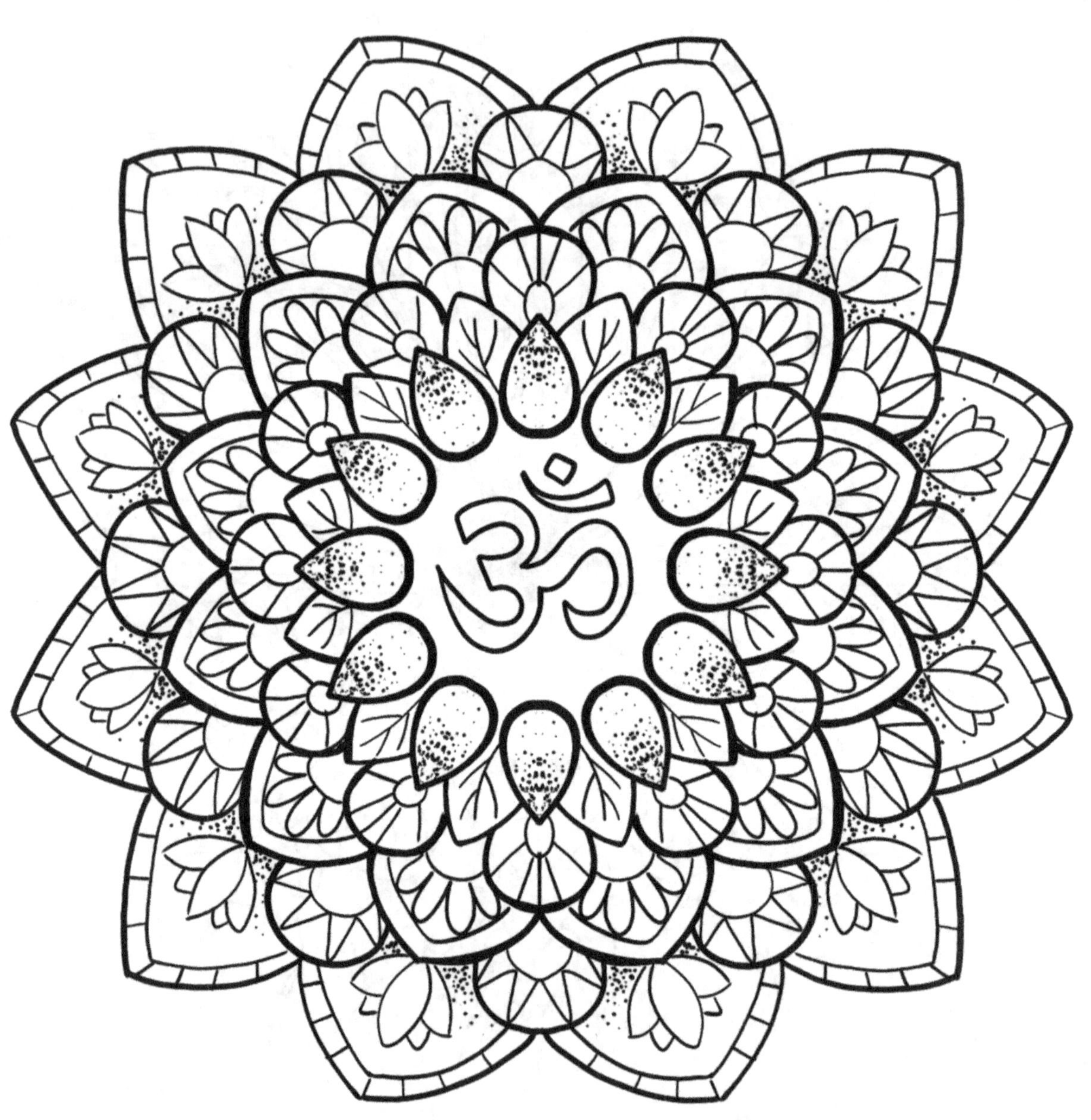

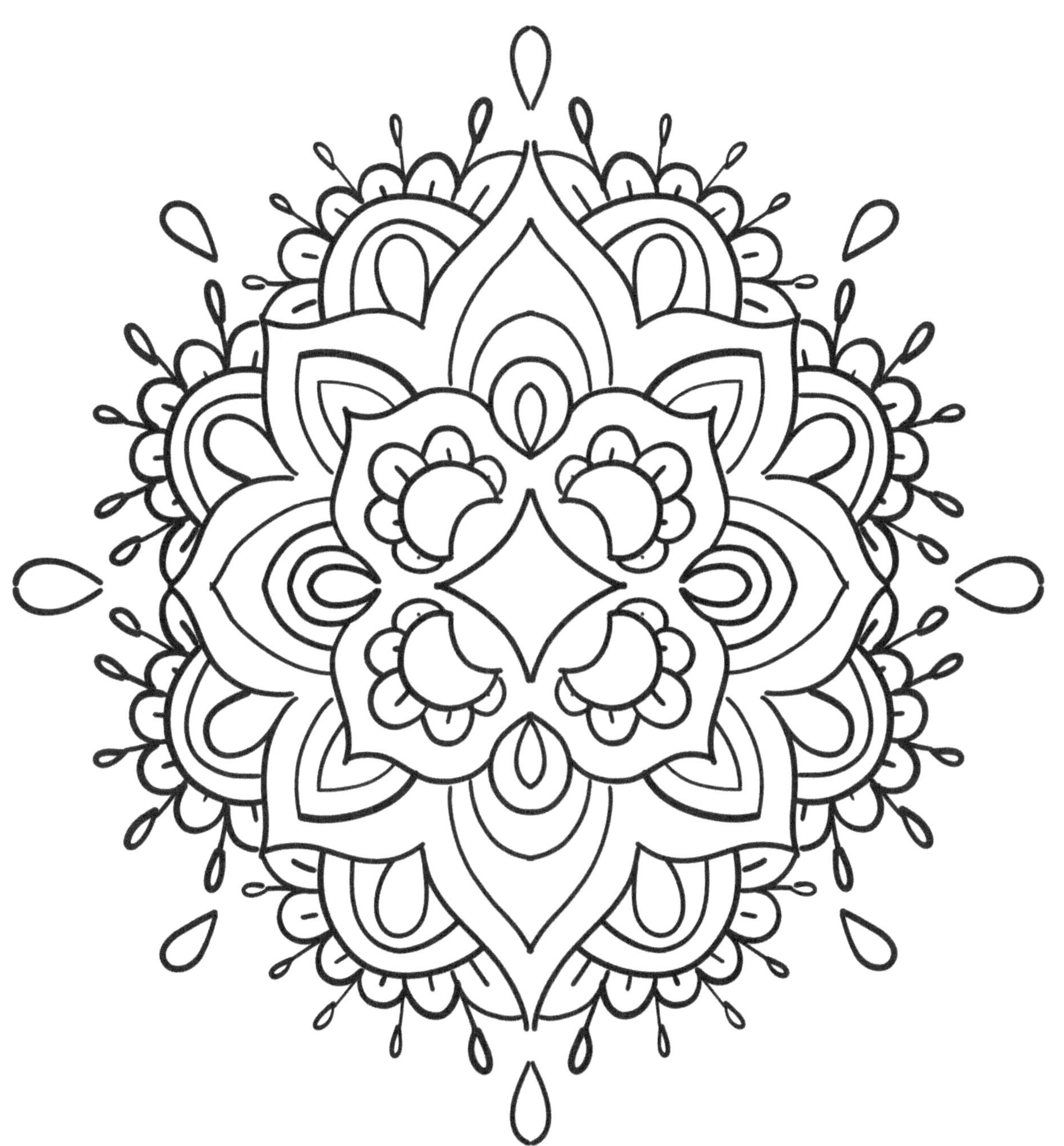

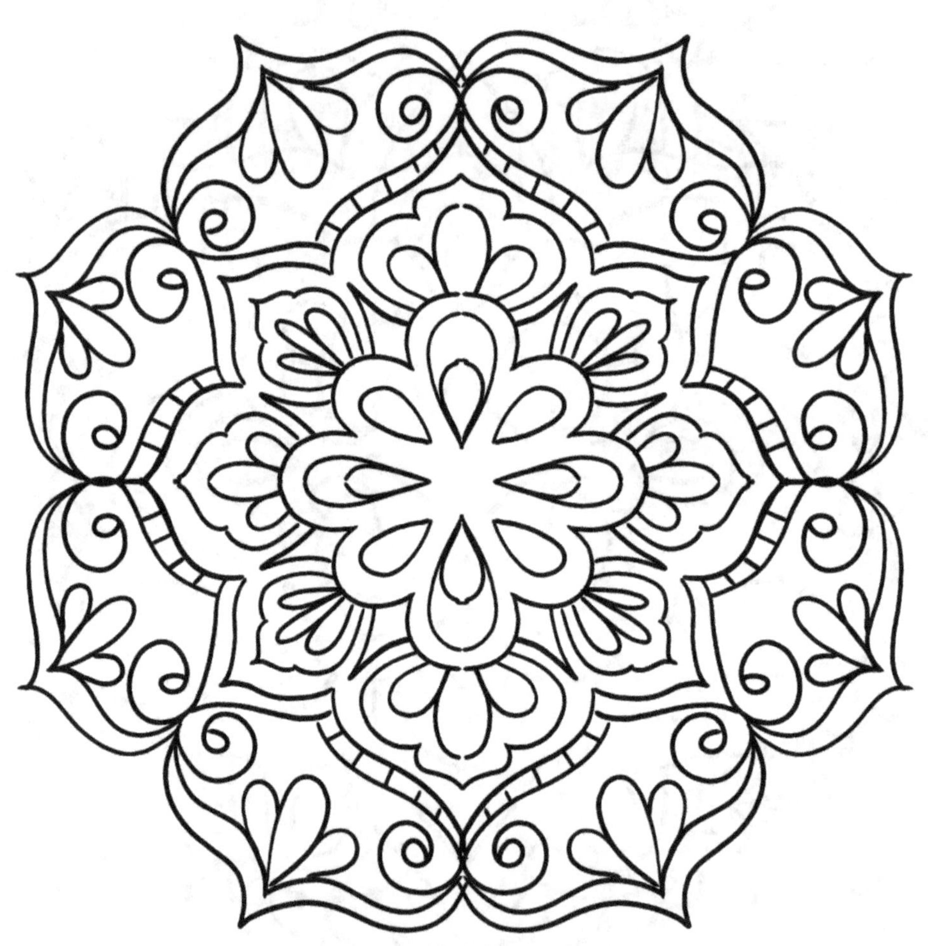

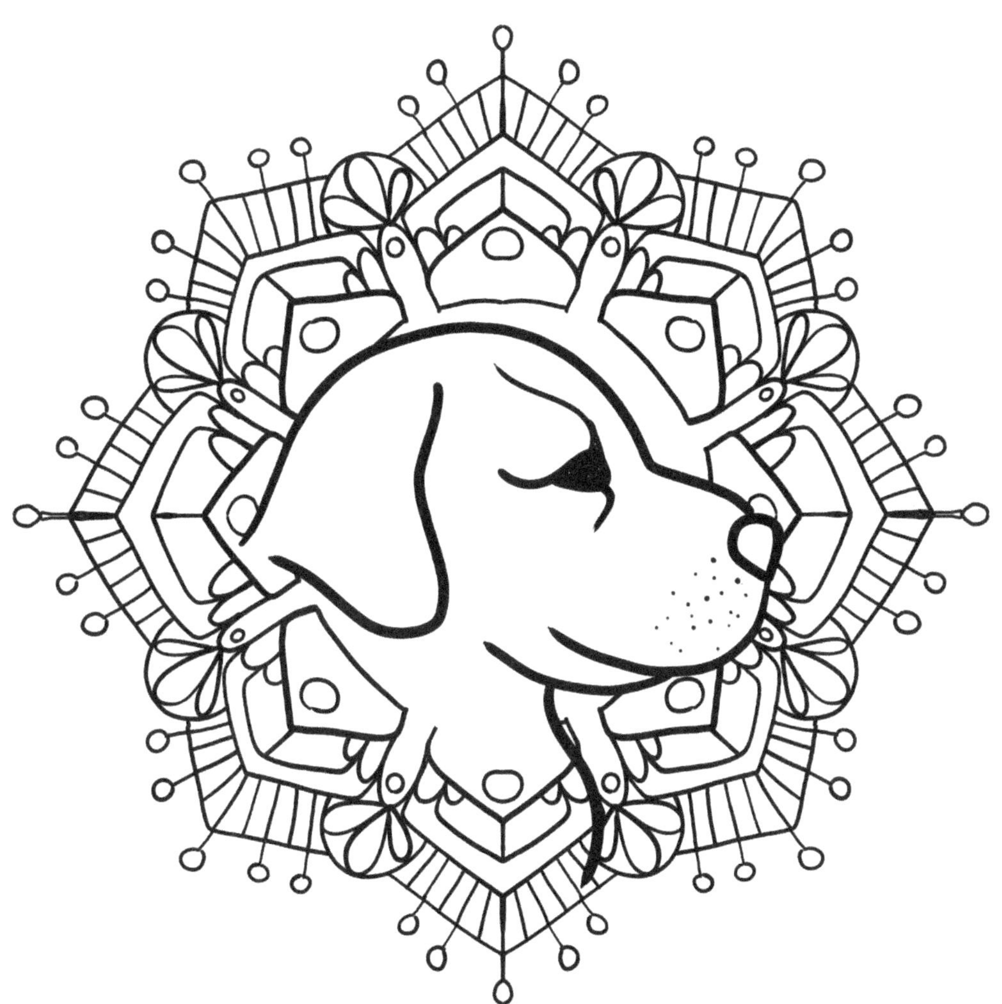

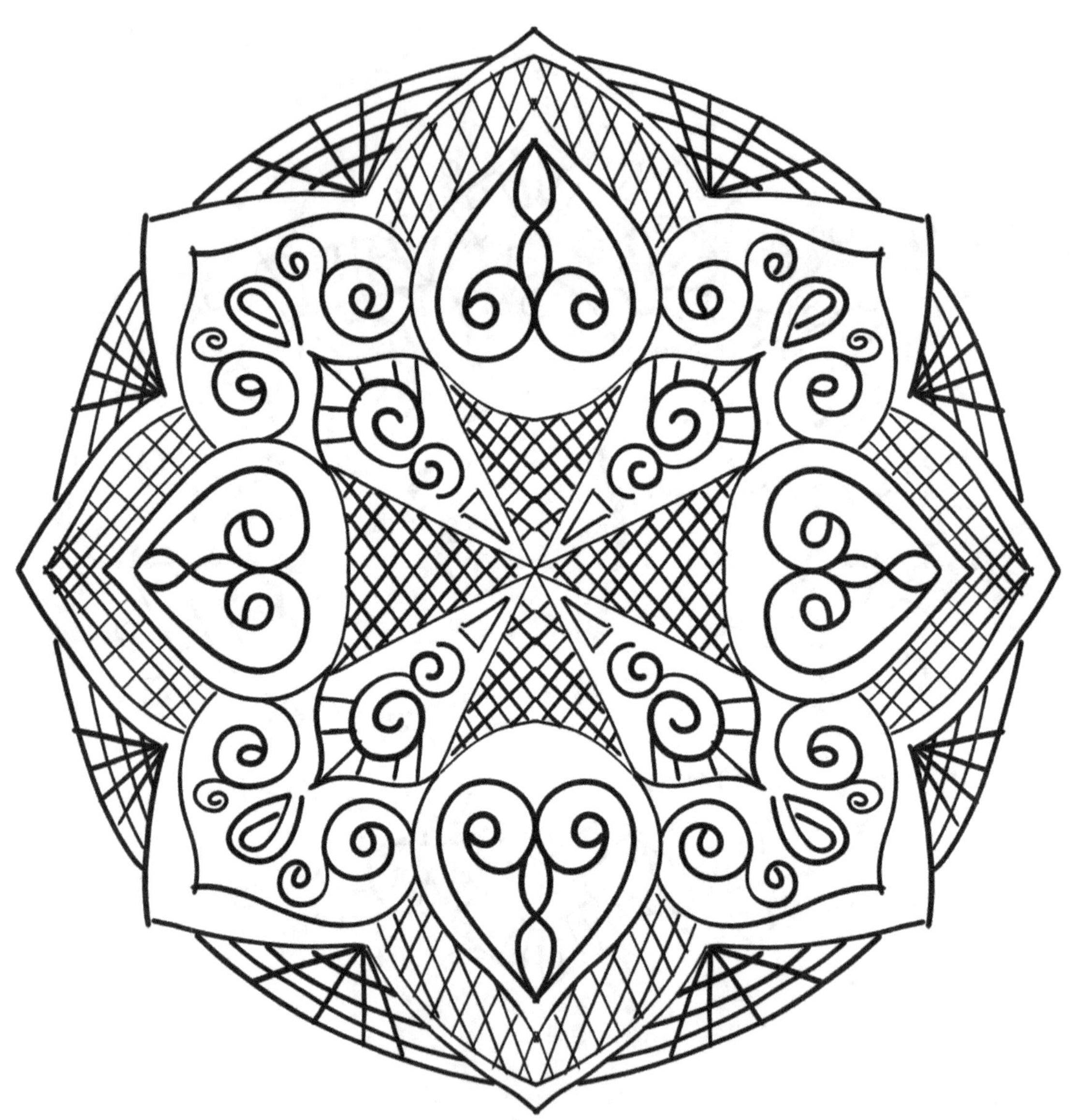

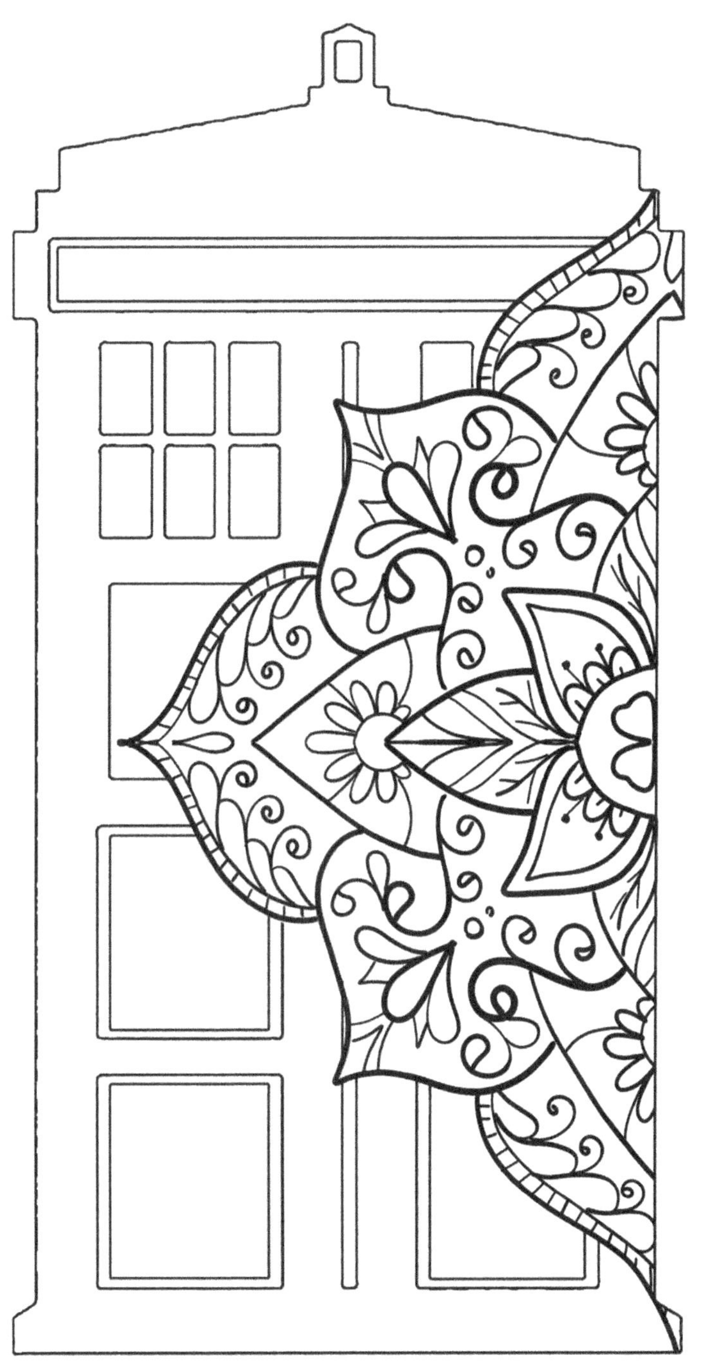

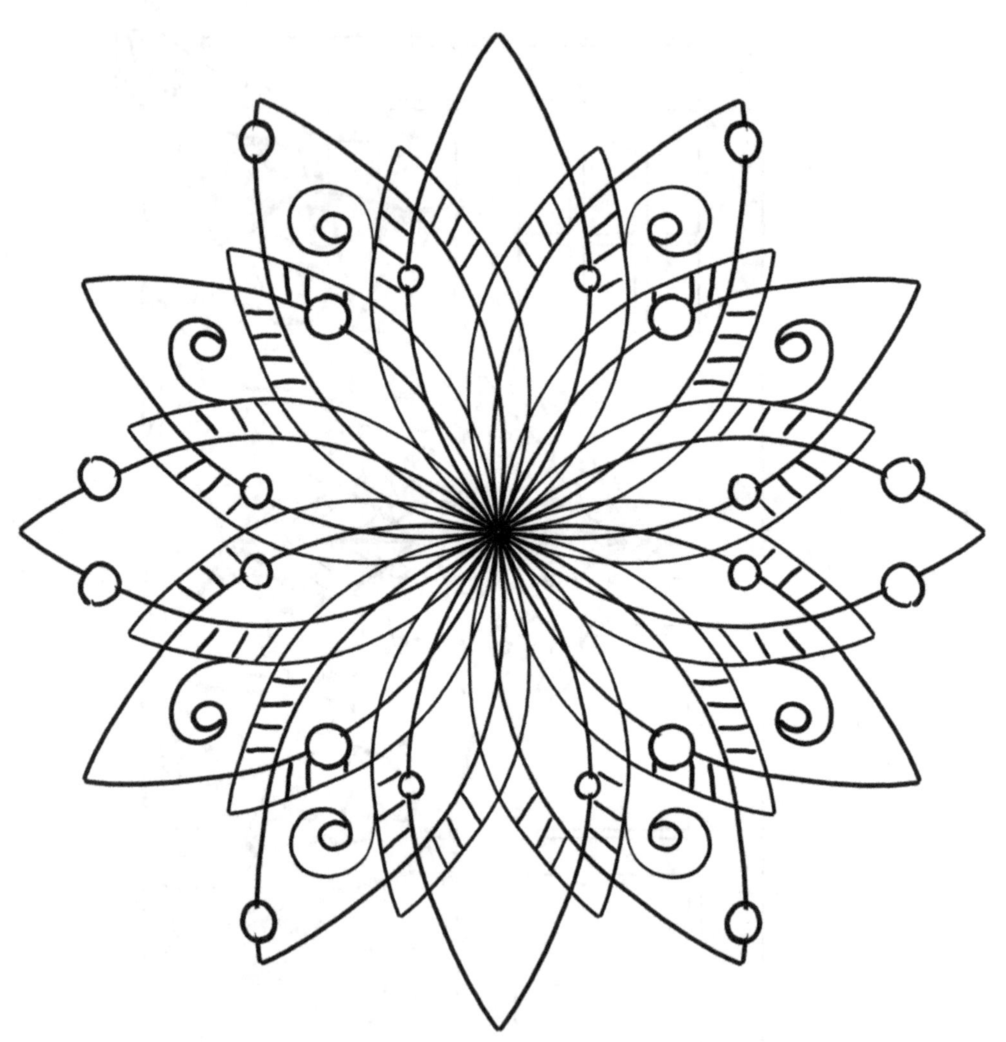

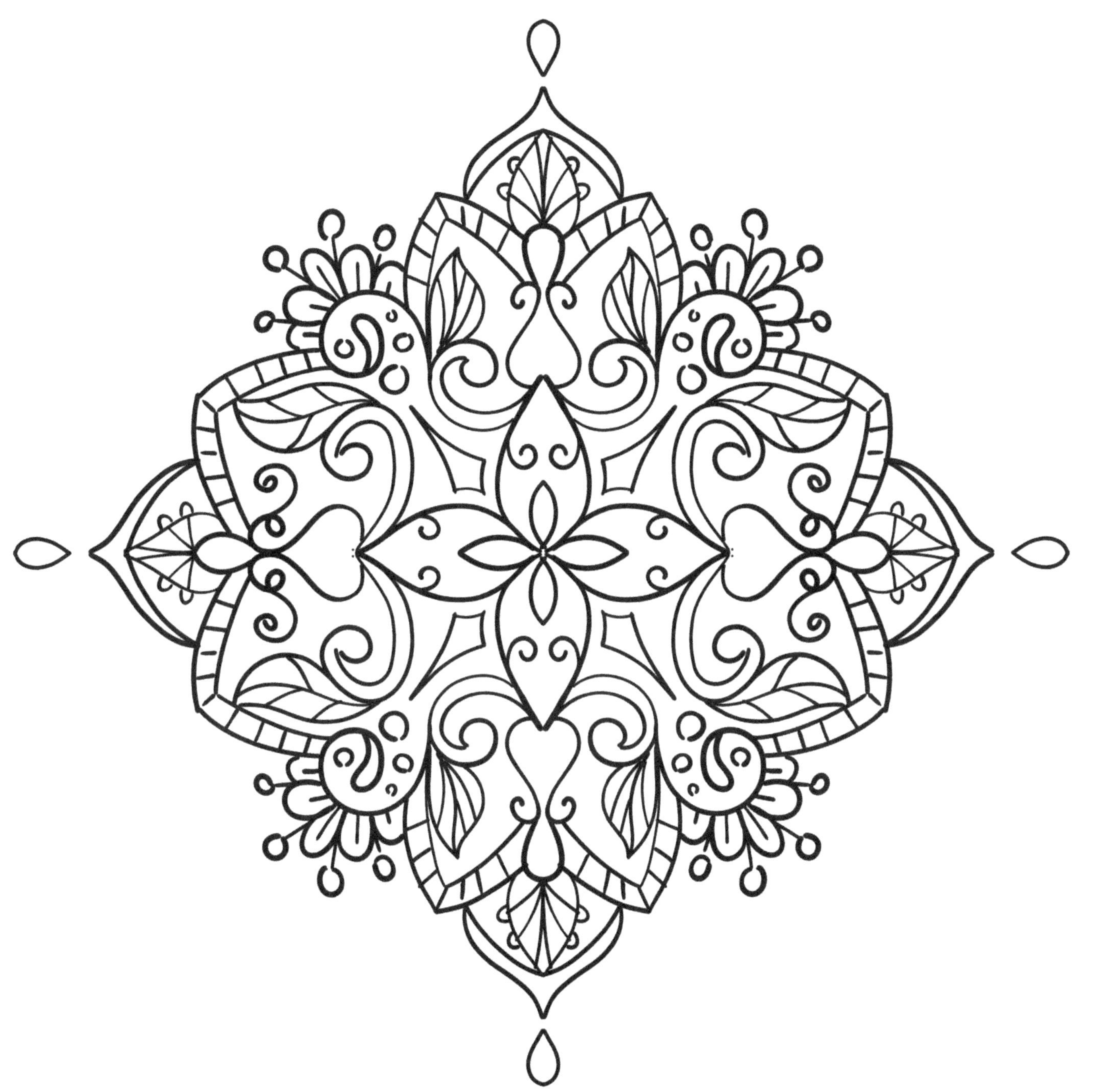

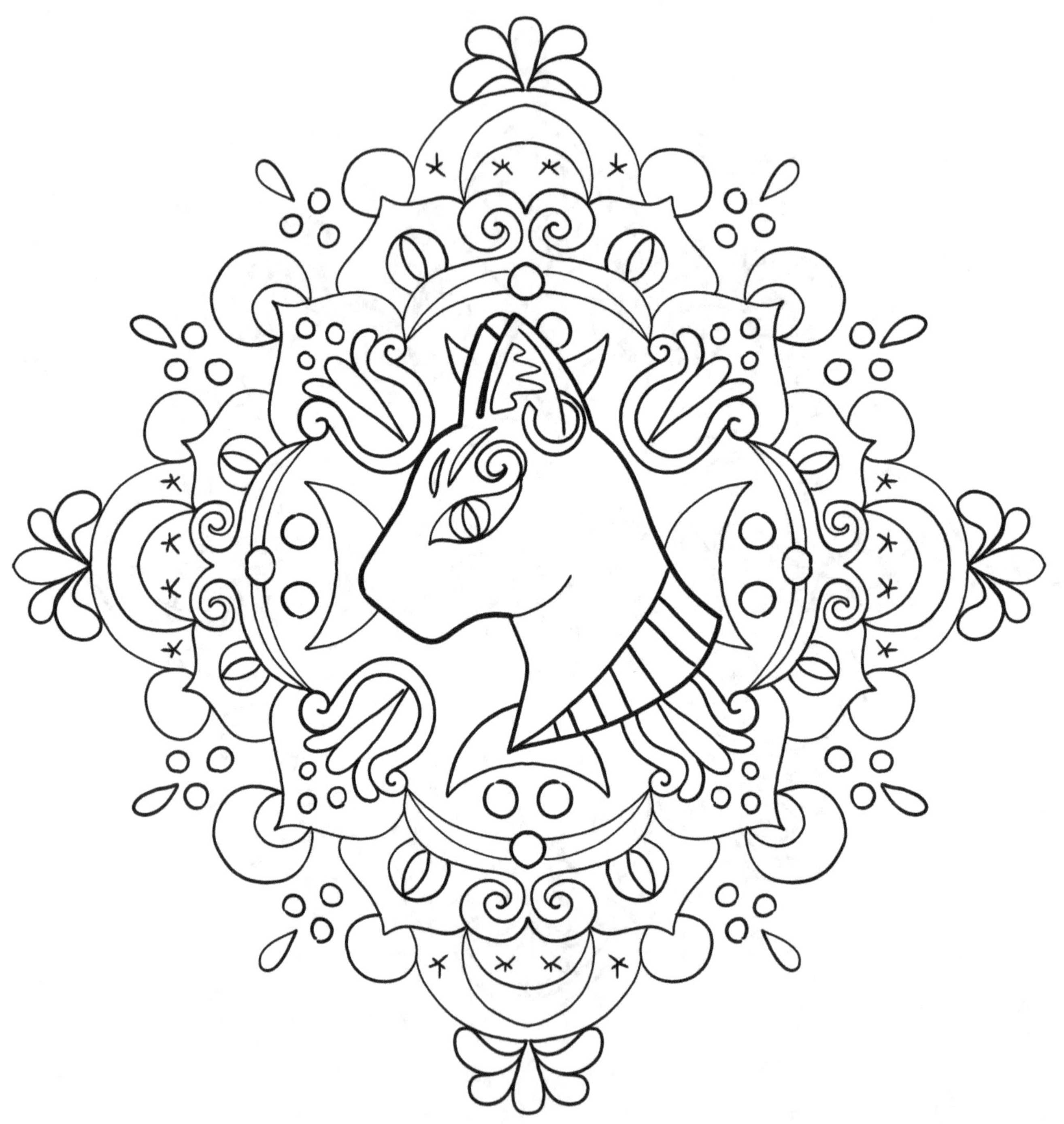

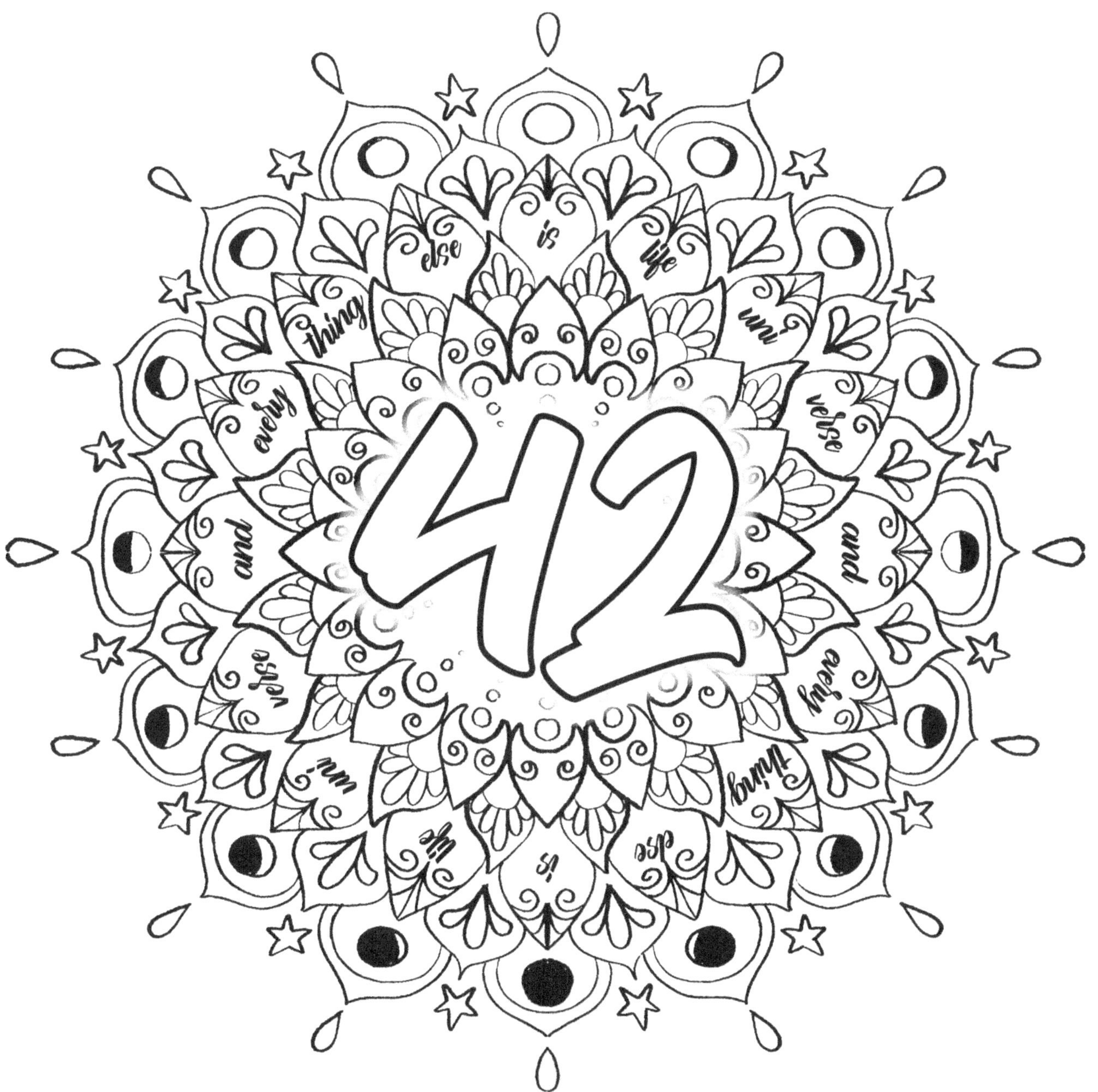
42
every thing else is life universe and every thing else is life universe and

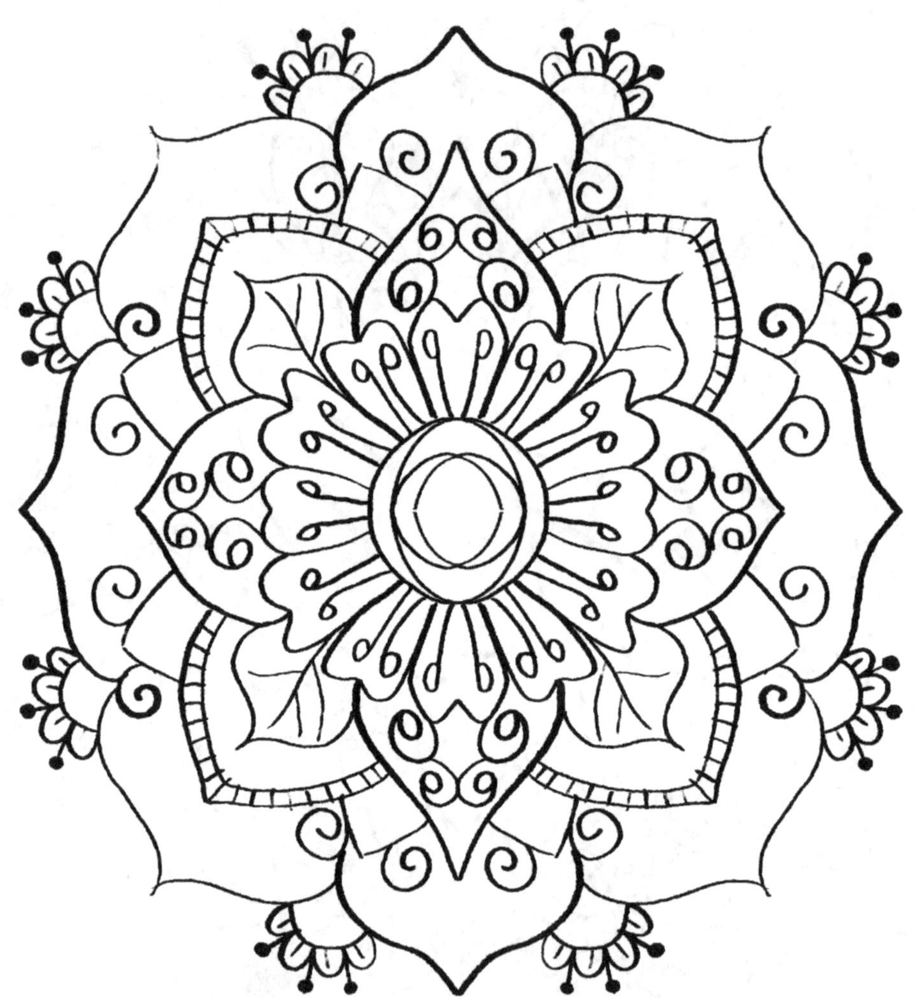

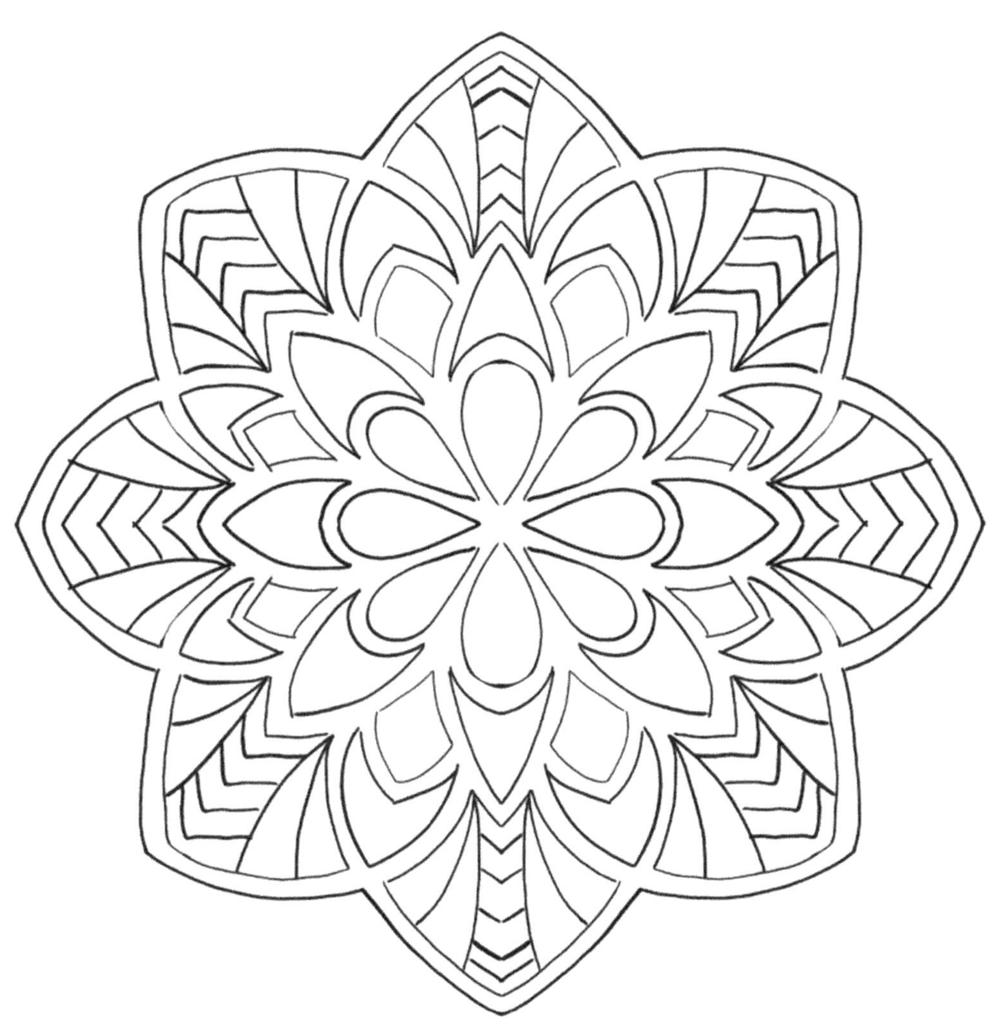

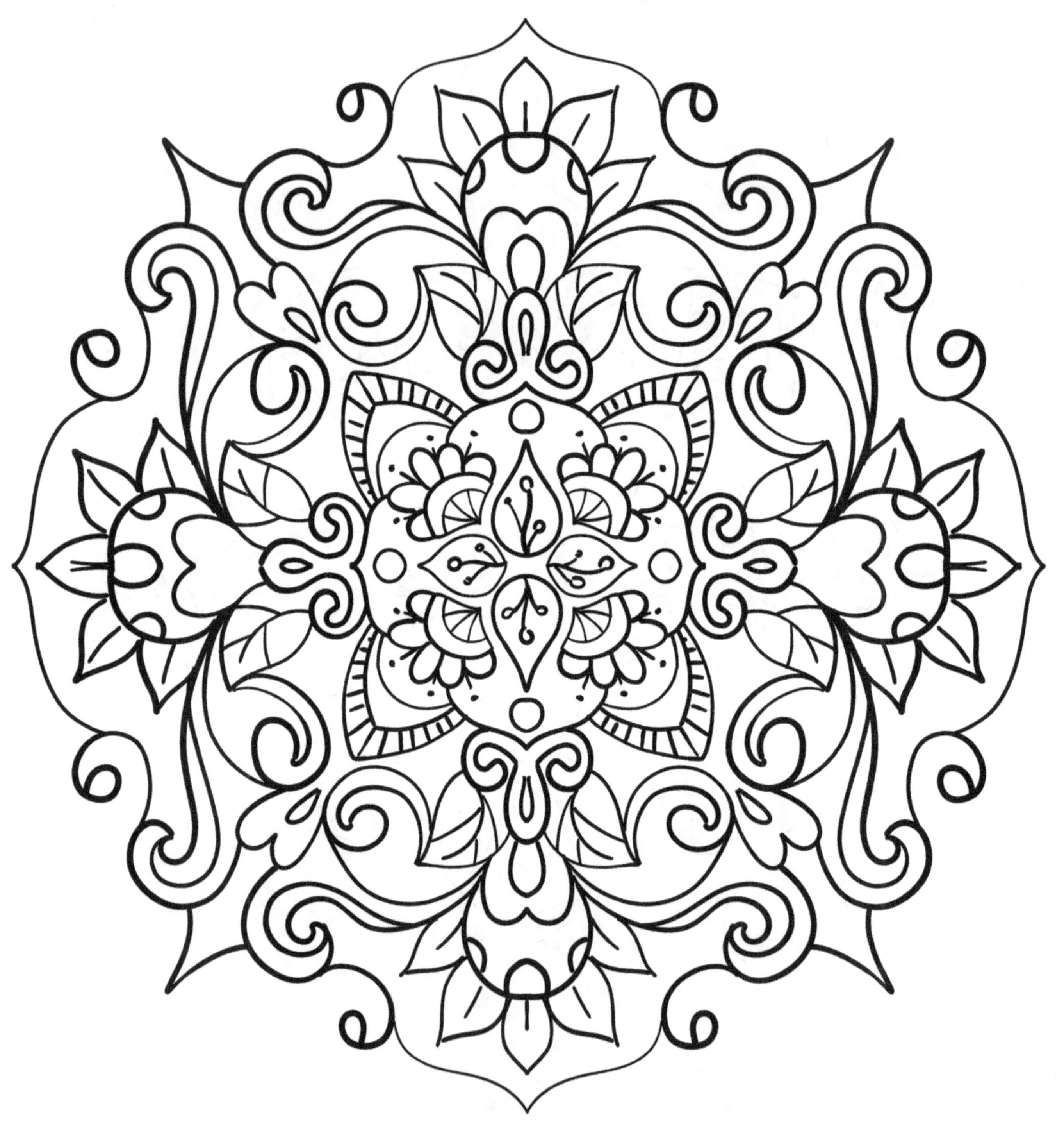

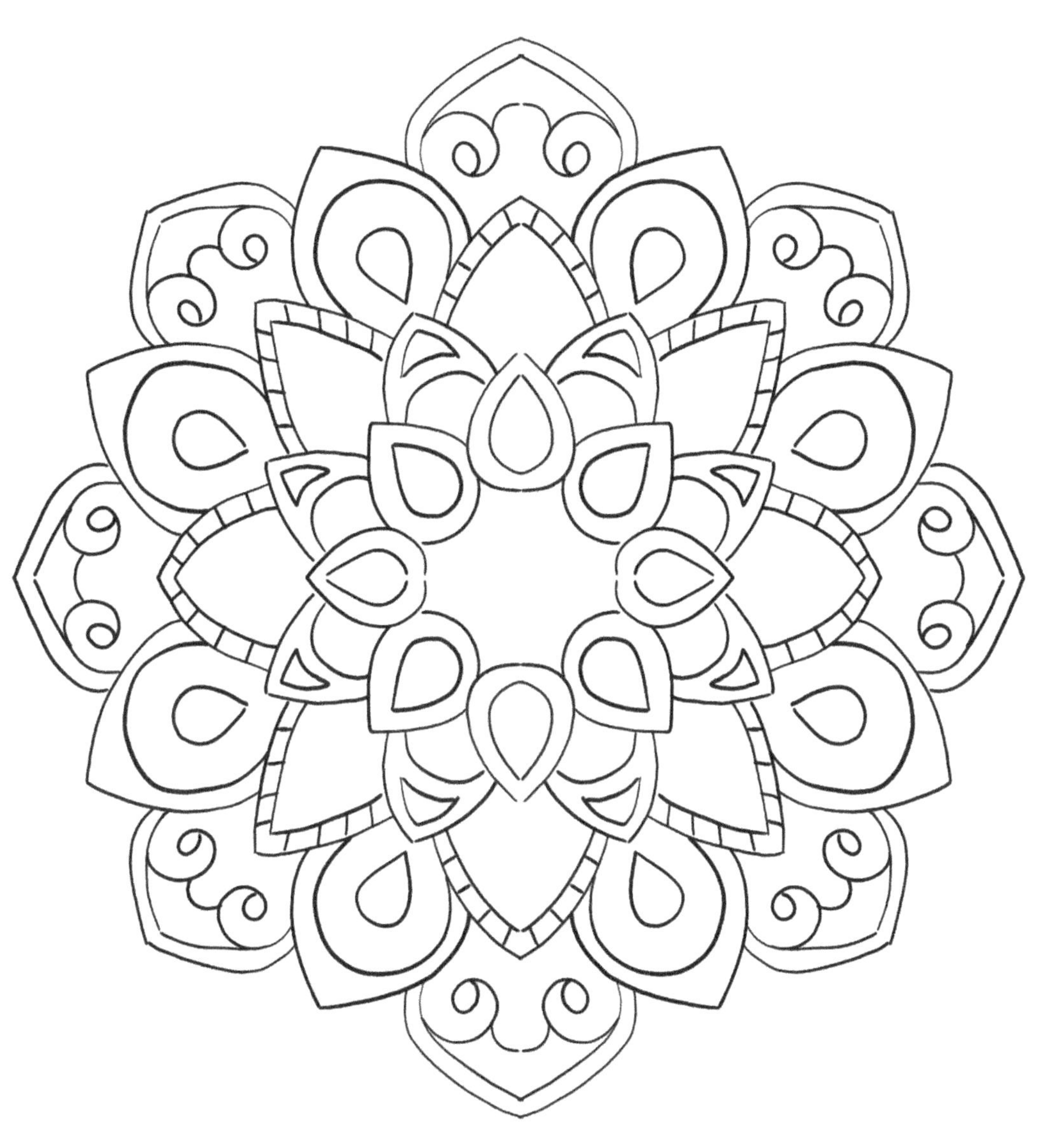

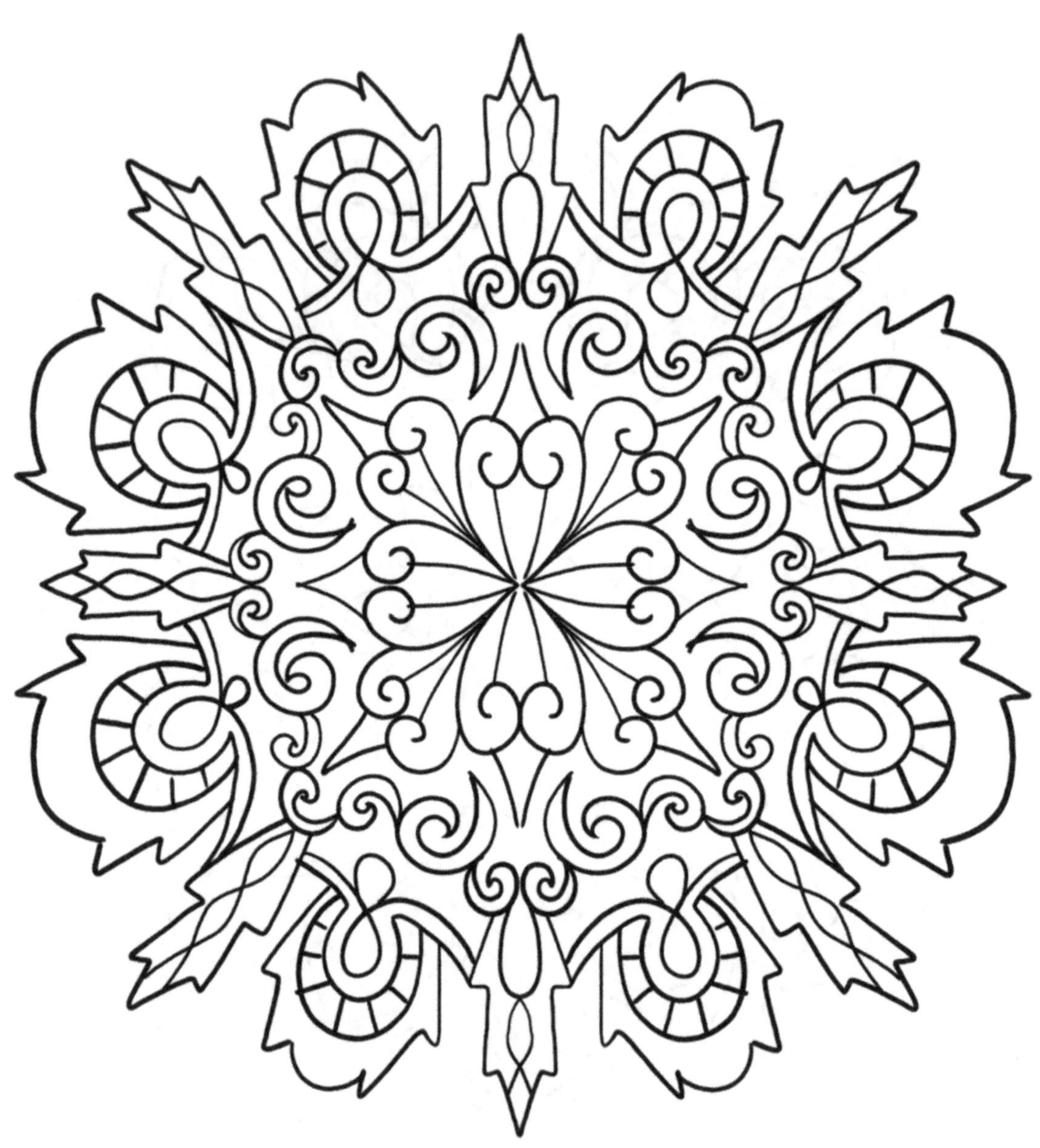

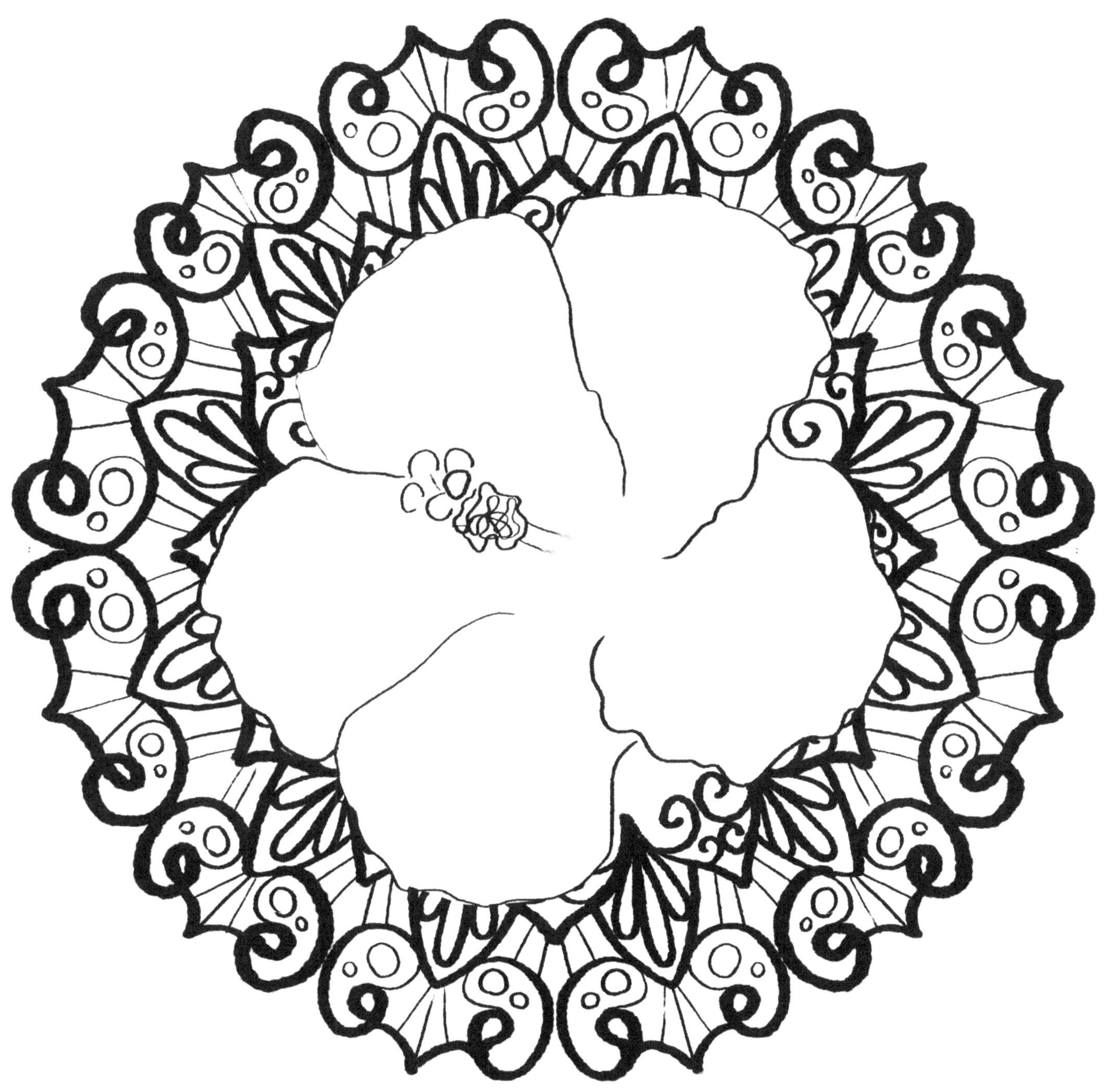

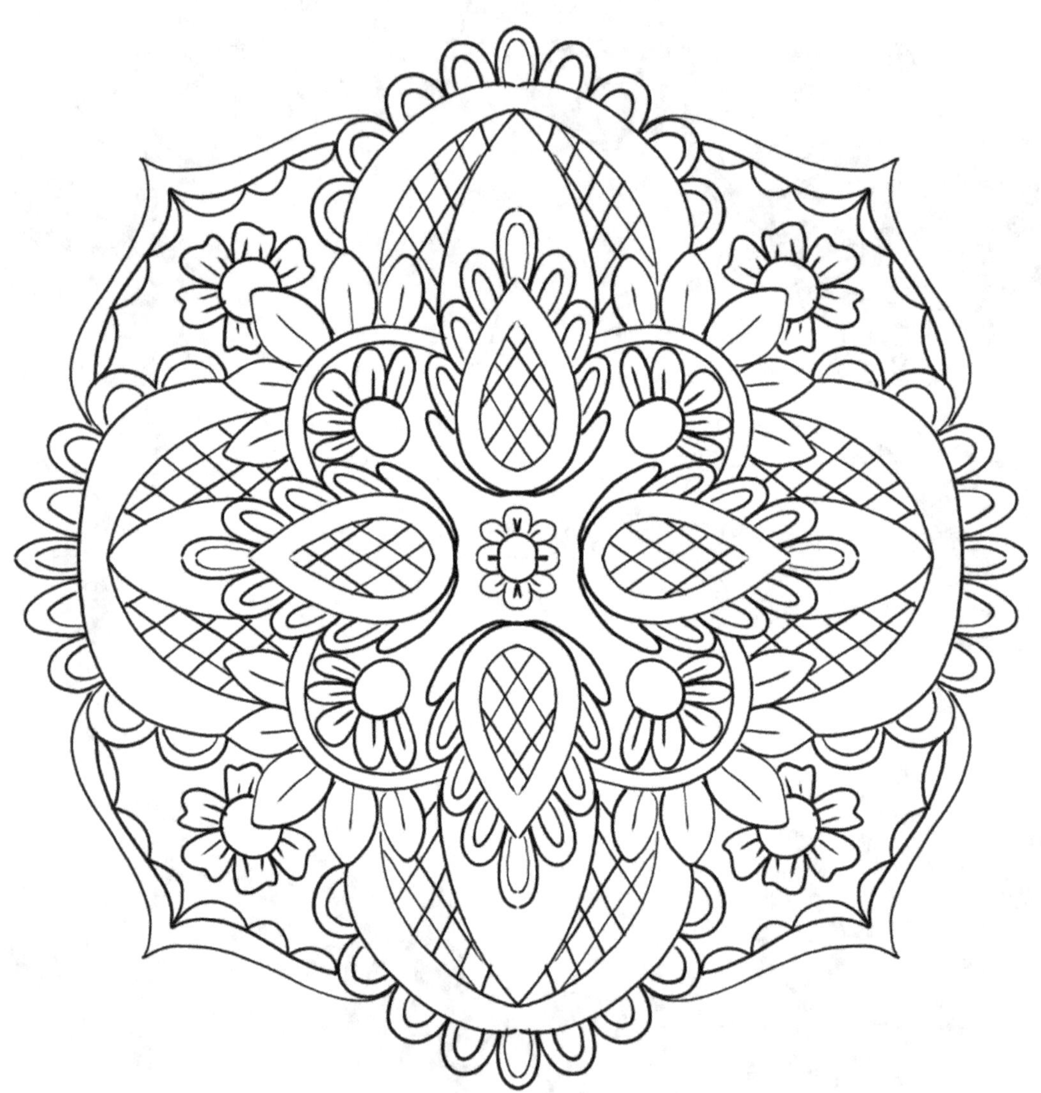

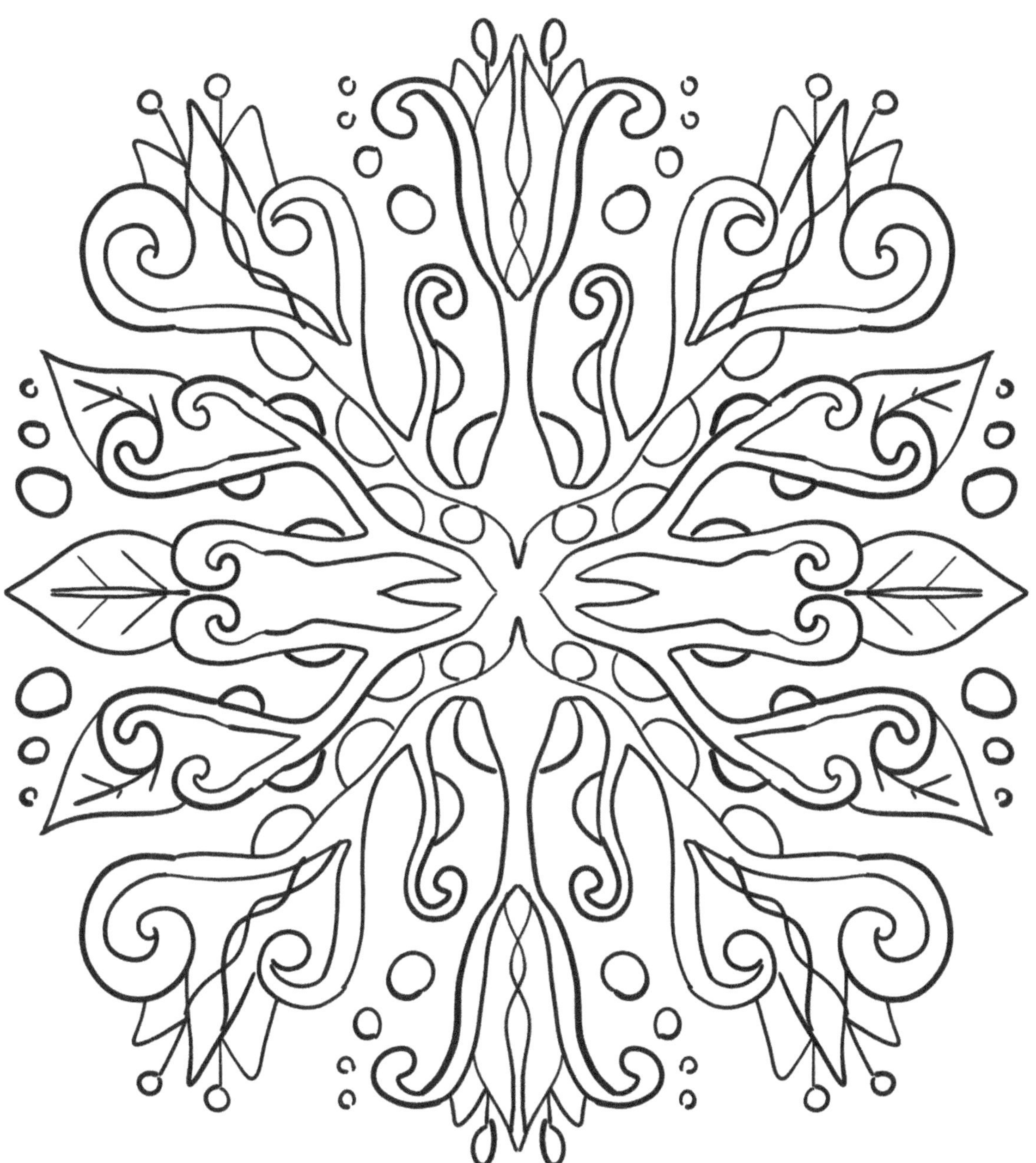

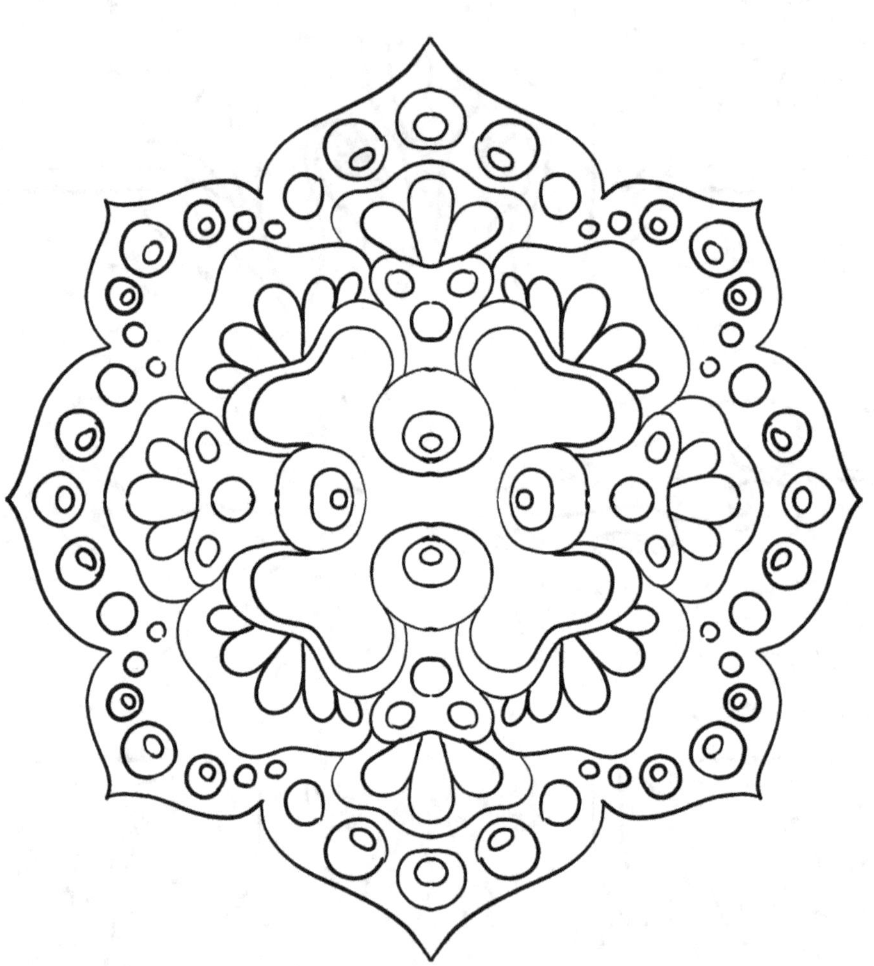

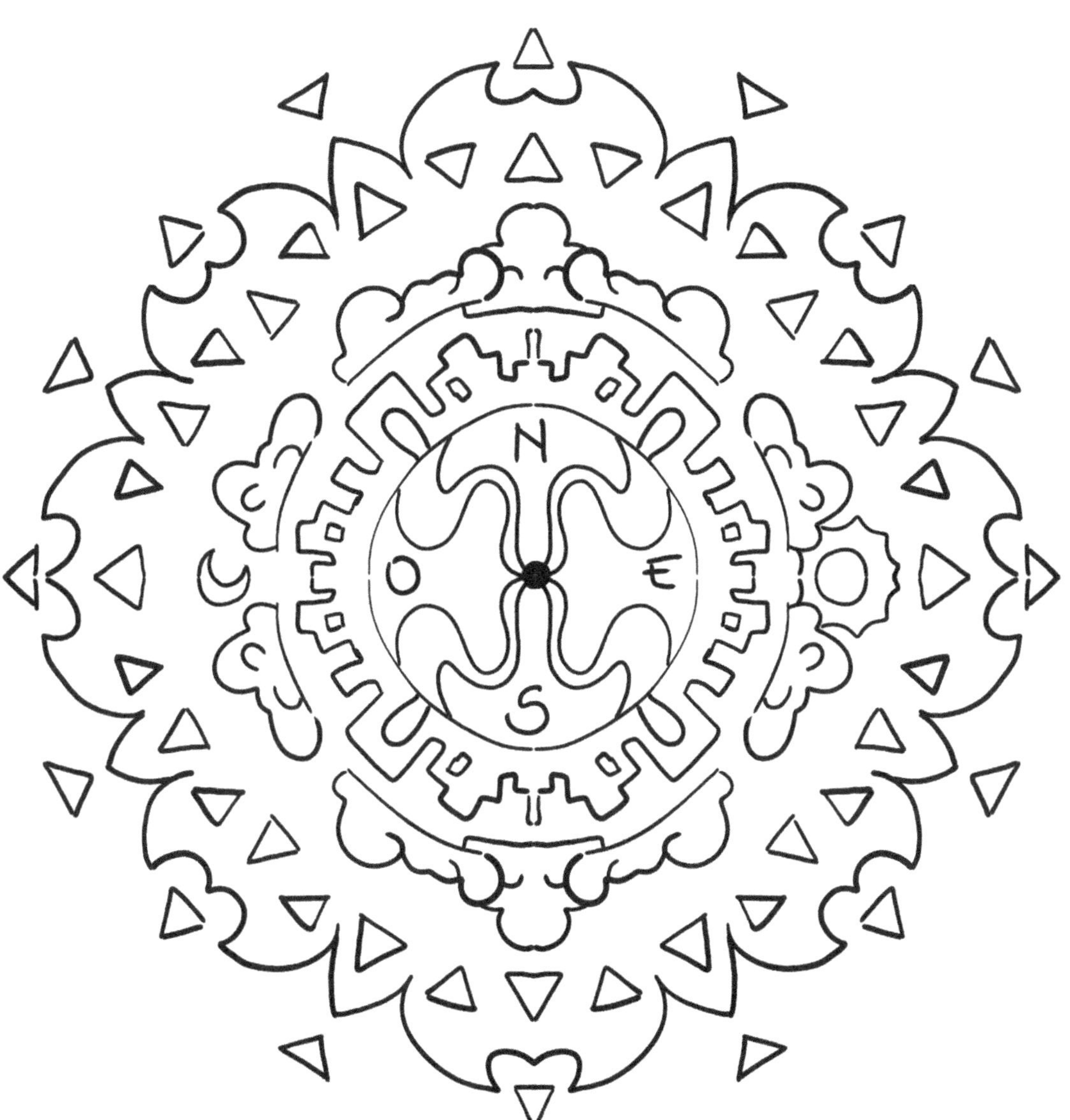

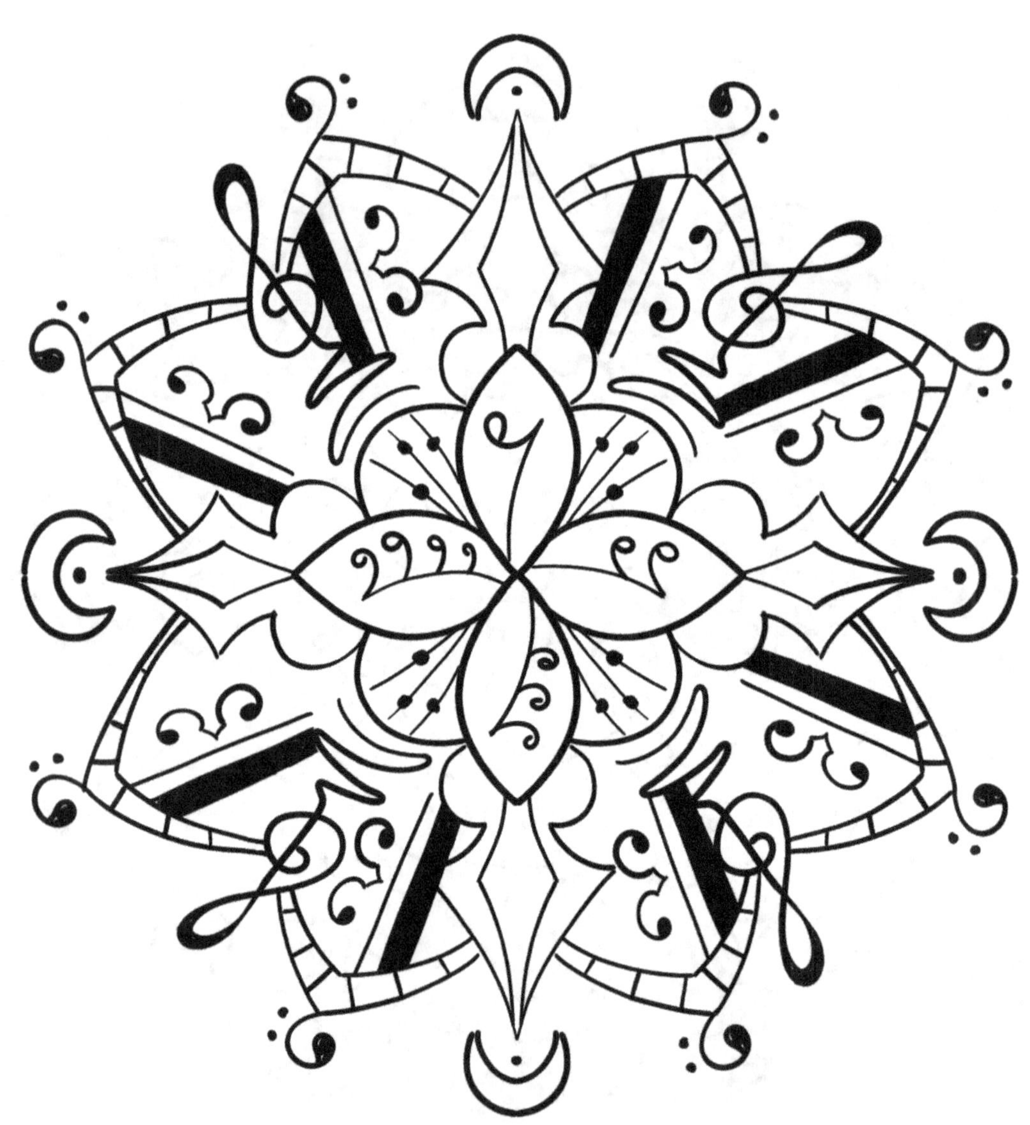

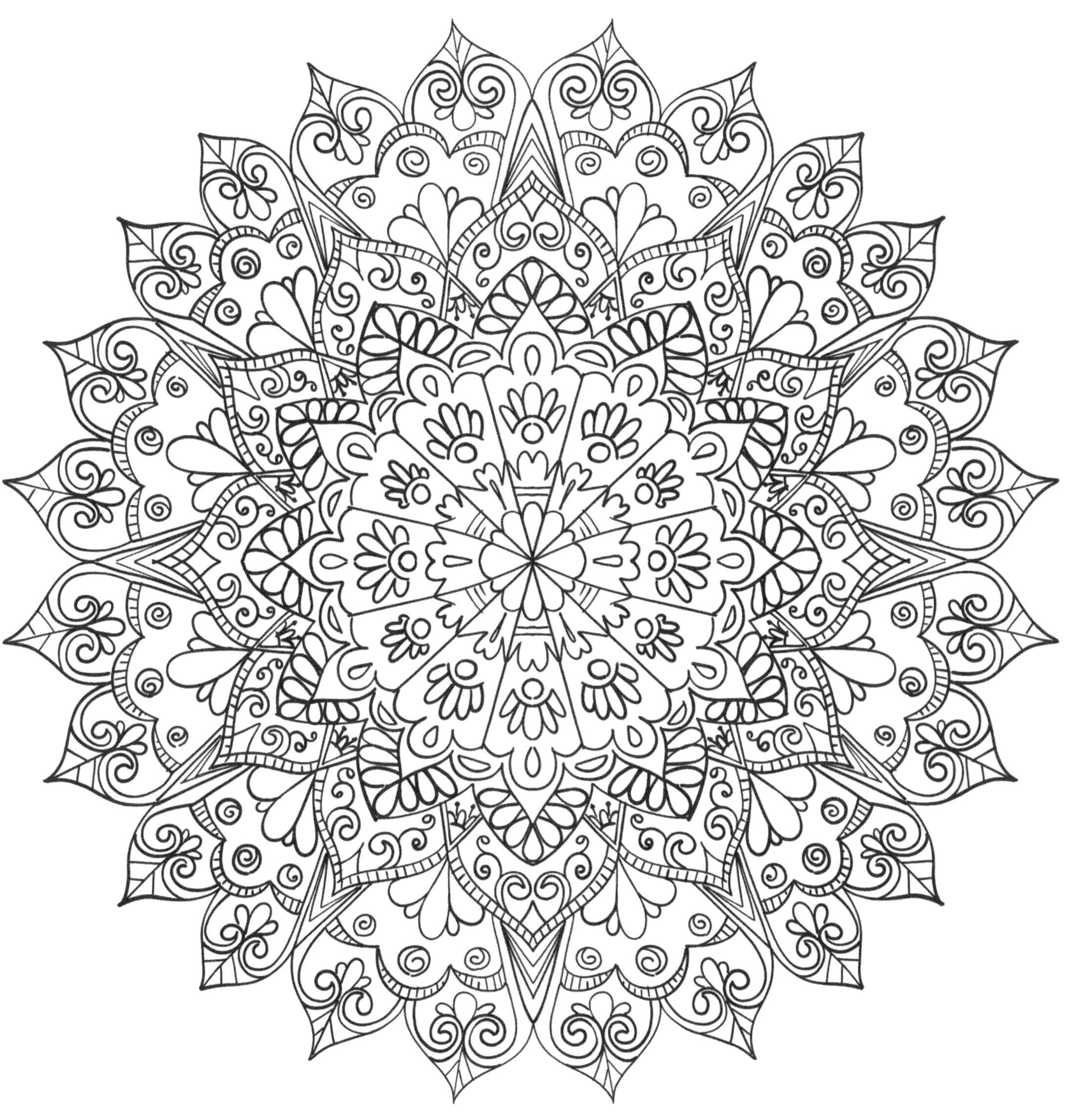

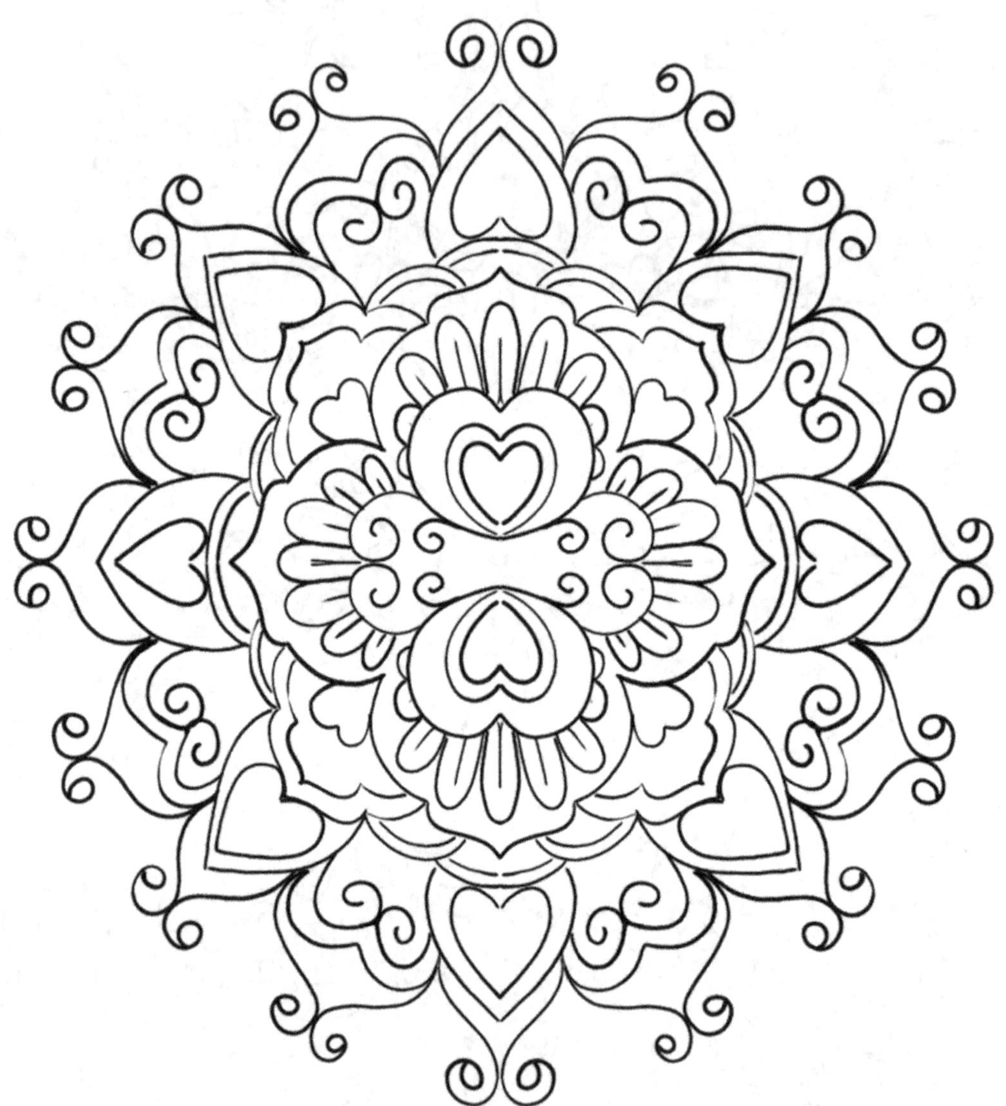

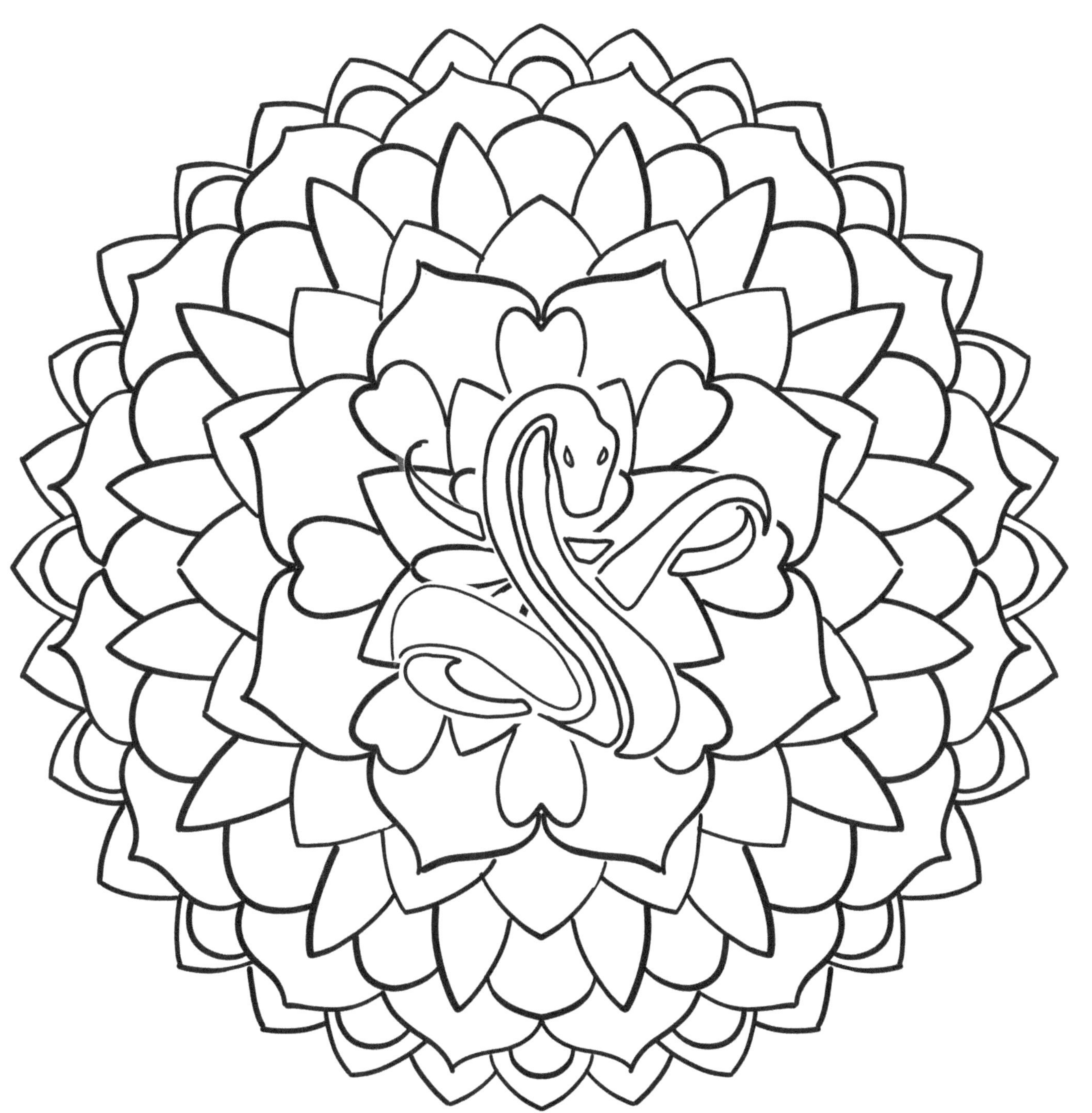

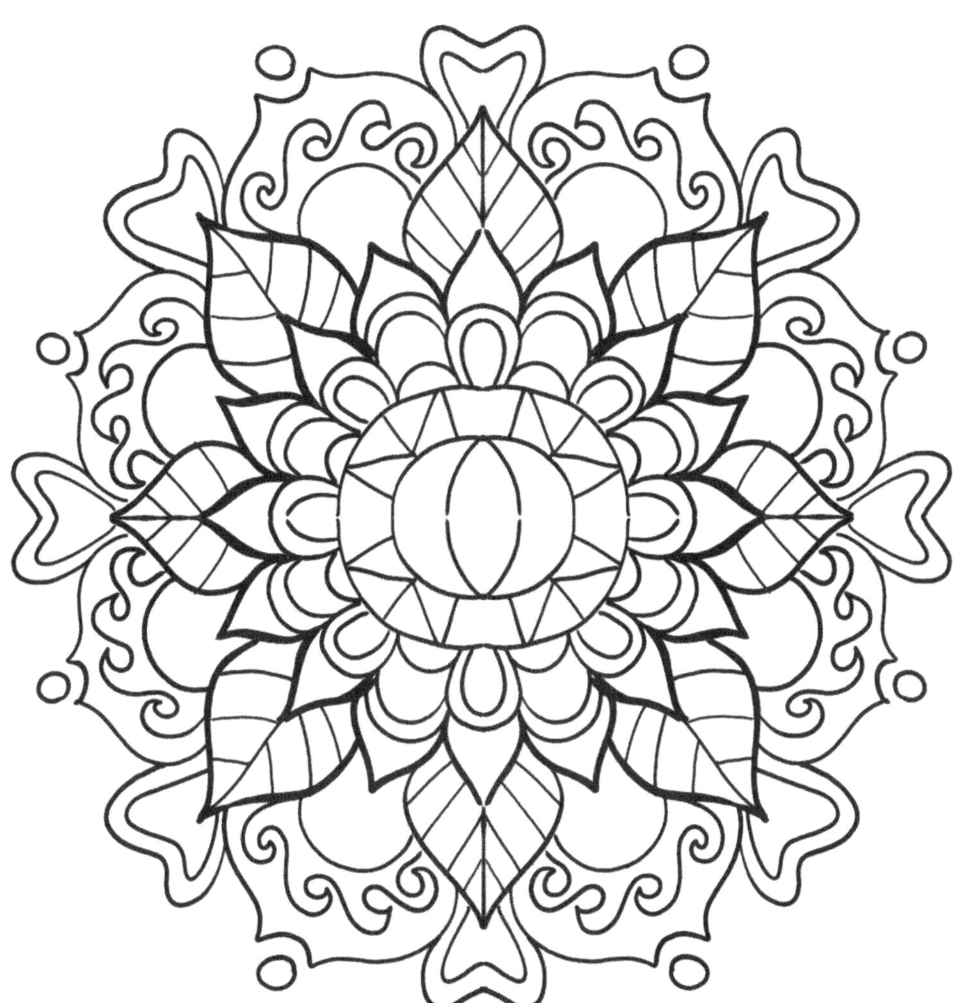

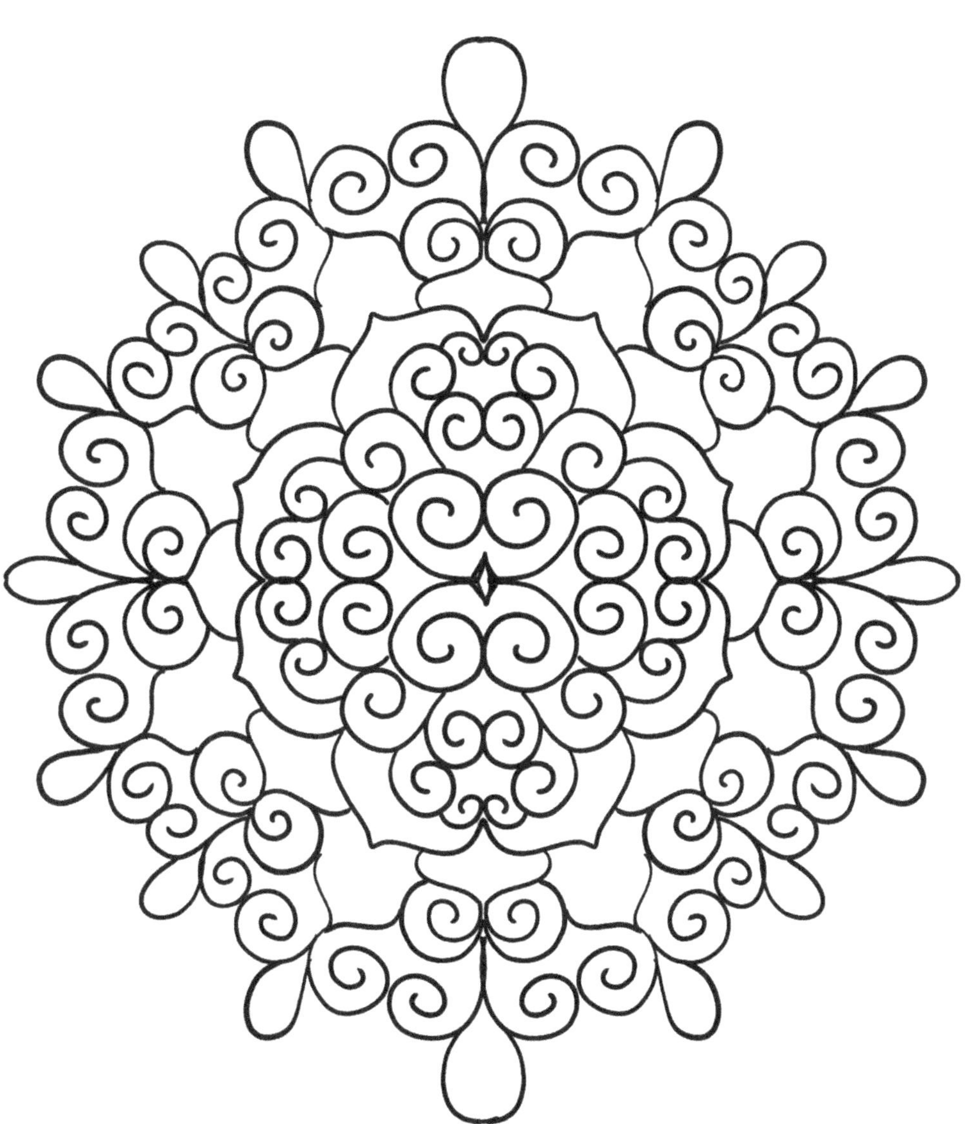

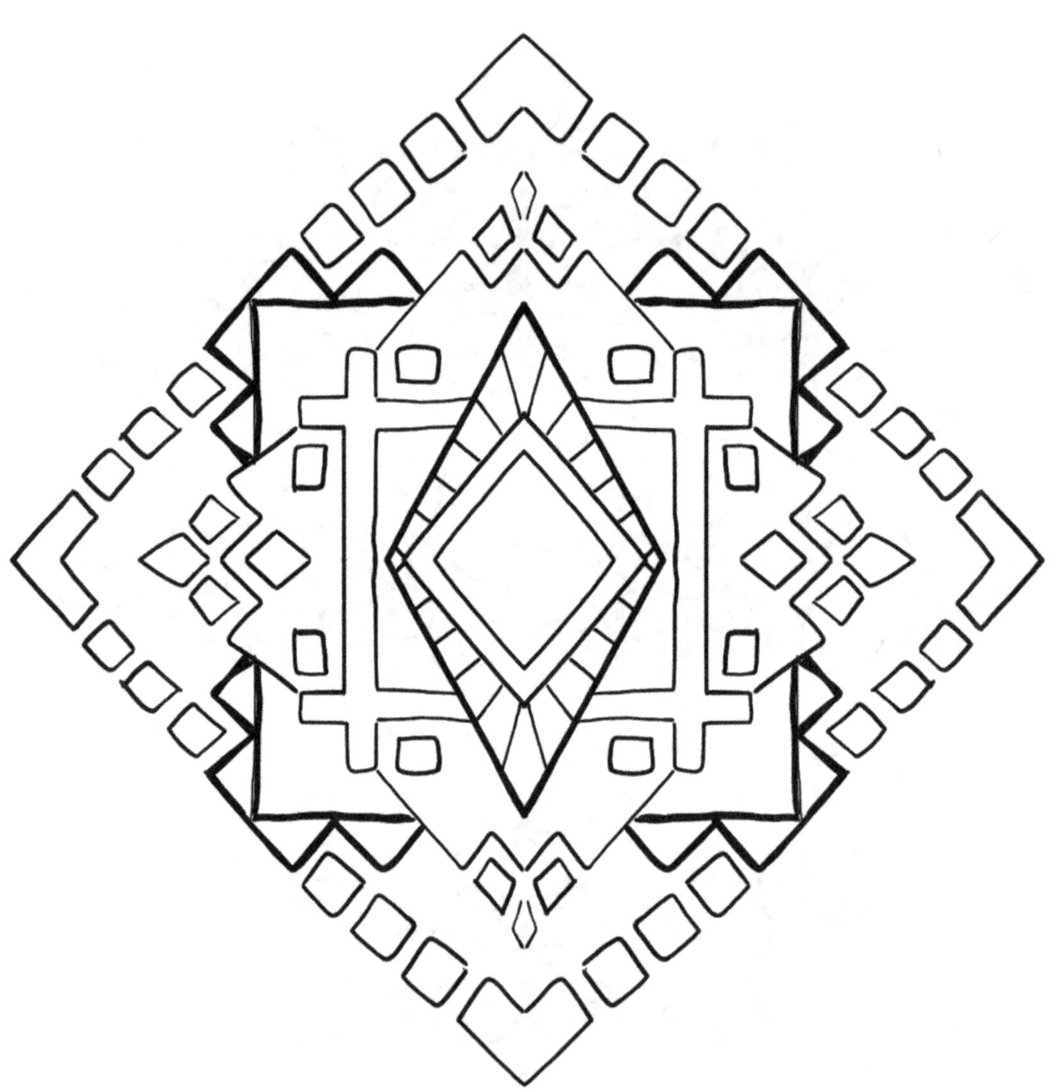

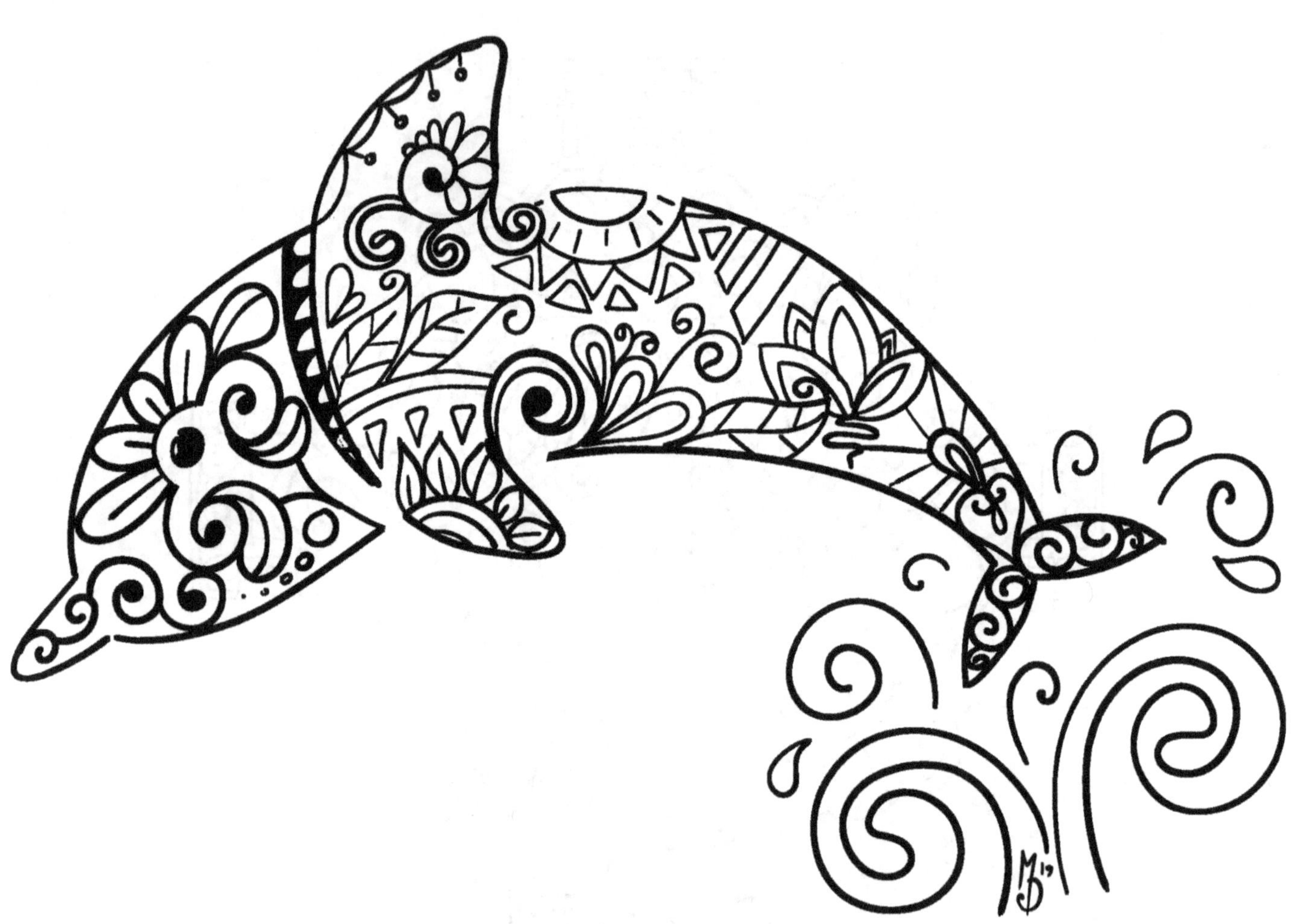

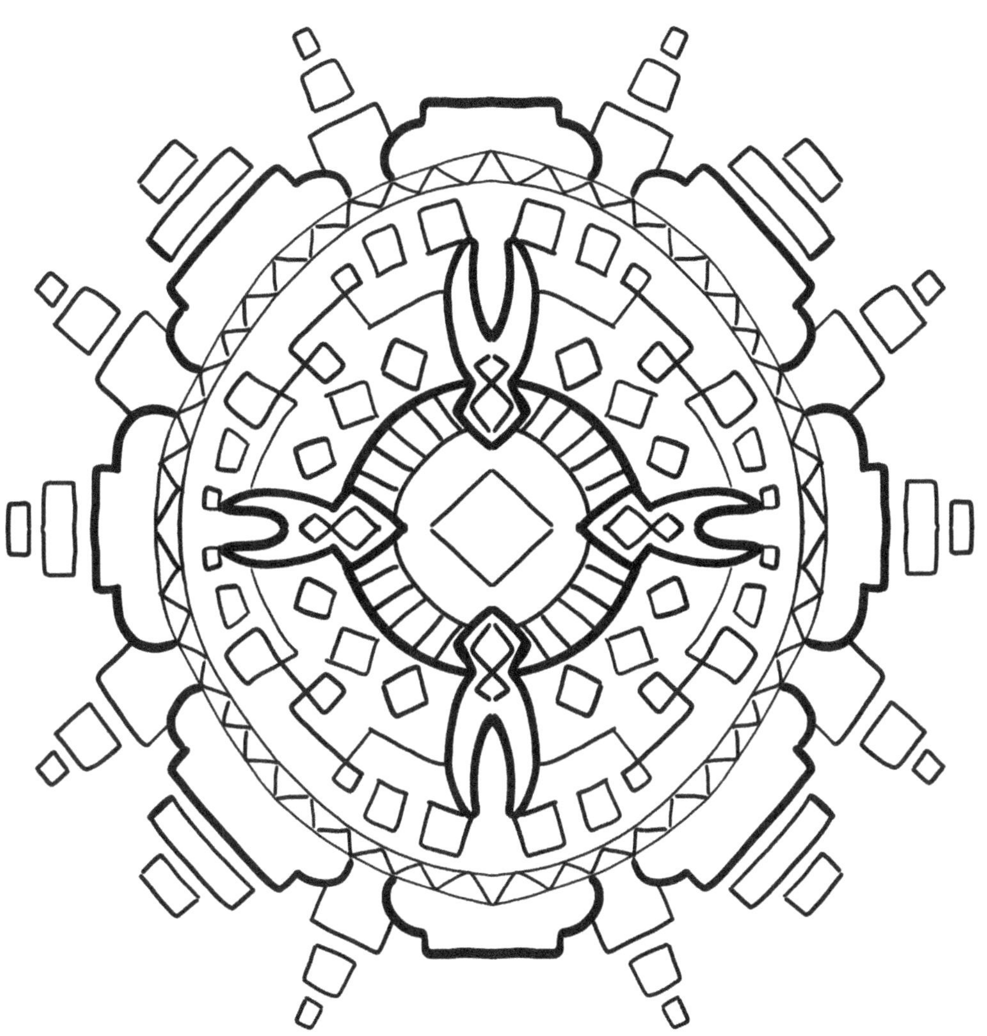

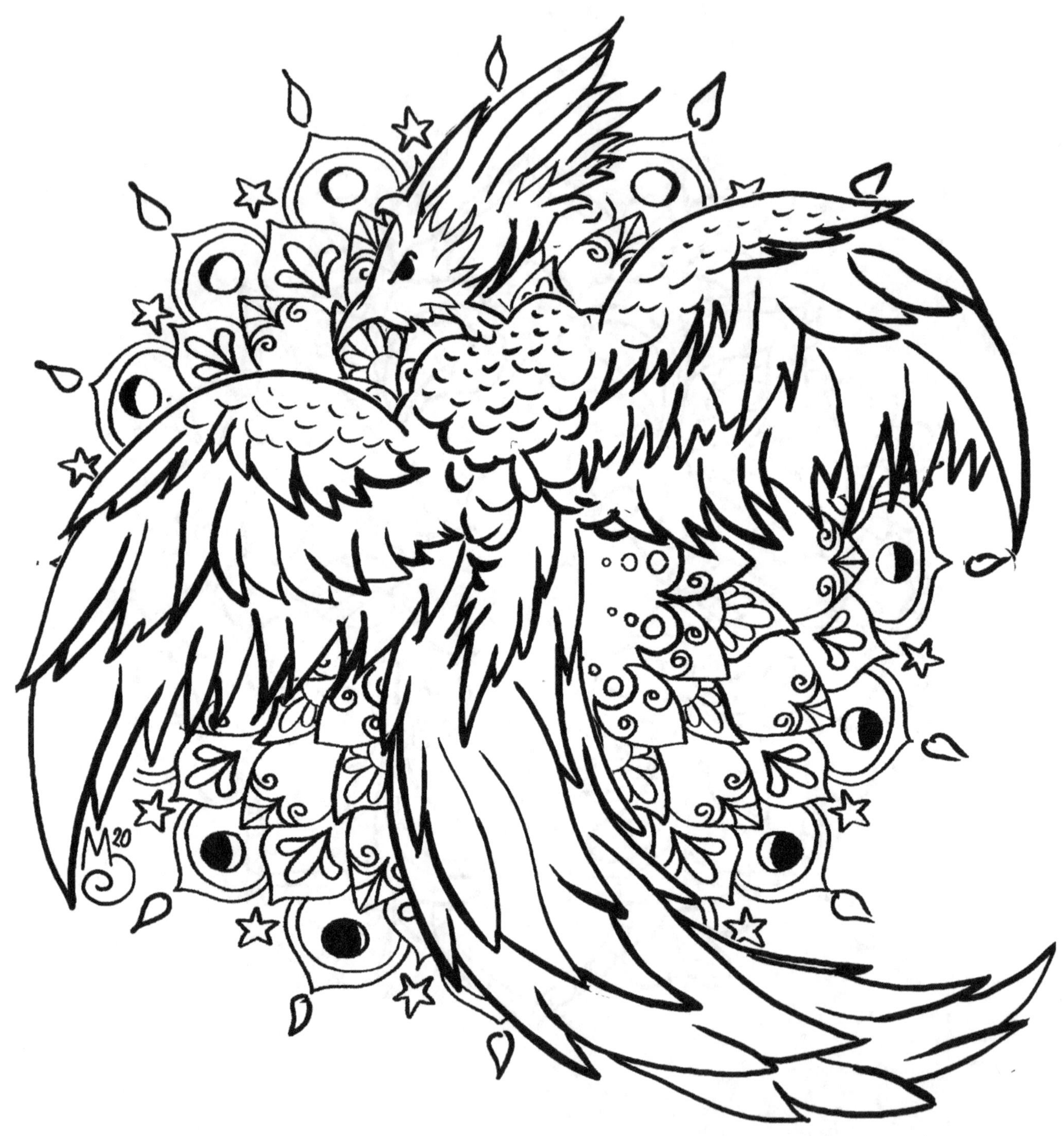

100 Mandala da colorare - disegnati a mano

100 Mandalas Hand-drawn Coloring Book

marika.dalloco@gmail.com
facebook.com/secretsdeperenelle

ISBN 978-1-6780-9750-9